KB014403

이 책은 2009년 정부(교육과학기술부)의 재원으로
한국연구재단의 지원을 받아 수행된 연구임(NRF-2009-361-A00008)

2019년 6월 15일   초판 1쇄

지은이   전영선
기획   건국대학교 통일인문학연구단
펴낸곳   늘품플러스
펴낸이   전미정
책임편집   최효준
교정·교열   황진아
디자인   윤종욱 정윤혜
출판등록   2004년 3월 18일, 제2-4350호
주소   서울 중구 퇴계로 182 가락회관 6층
전화   070-7090-1177
팩스   02-2275-5327
이메일   go5326@naver.com
홈페이지   www.hadabooks.com
ISBN 979-11-88024-26-1 03680

정가 16,500원

ⓒ전영선, 2019

이 책은 저작권법에 따라 보호받는 저작물이므로 무단 전재와 무단 복제를 금지하며,
이 책 내용의 전부 또는 일부를 이용하려면 반드시 저작권자와 ㈜늘품플러스의 동의를 받아야 합니다.

Welcome! North Korean Cinema

예술영화 〈우리 집 이야기〉를
통해 본 북한

어서와
북한
영화는
처음이지

늘품플러스

〈우리 집 이야기〉는 2016년에 방영된 예술영화이다. 예술영화란 다큐멘터리가 아닌 일반 영화, 우리가 흔히 '북한 영화'라고 하는 극영화를 말한다. 〈우리 집 이야기〉는 남한에도 제법 알려진 영화이다. 2018년 제22회 부천국제판타스틱영화제에서는 처음으로 야외에서 공개 상영했던 기록도 있다.

남한에서 북한 영화가 상영된 적은 몇 번 있었다. 남북 관계가 좋았을 때는 공중파를 통해 소개되기도 하였고, 영화제를 통해서 공개되기도 하였다. 하지만 일반인을 대상으로 한 영화 상영이라고 해도 신분을 확인하고 극장 안에서만 볼 수 있었다. 2018년 부천국제판타스틱영화제처럼 잔디광장에서 대놓고(?) 일반인들에게 공개된 것은 처음이었다.

북한 영화 공개에 대한 첫 반응은 대체로 '놀랍다'였다.

"헐! 북한 영화라고……"
"재밌냐?"

"볼만해!!!"

"빨갱이냐."

"세상 많이 변했네."

영화 〈우리 집 이야기〉는 고아가 된 아이들을 키우는 처녀 엄마 이야기이다. 나이도 많지 않은 주인공이 아이들 곁에 다가 가고자 하는 설정이 이해가 잘 안 되지만 눈물을 쏙 빼는 배우들의 감정연기는 관객들을 영화에 빠져들게 한다. 가물가물한 기억 속에 영화 〈엄마 없는 하늘 아래〉도 연상된다.

하지만 영화는 온전히 개인의 이야기로 끝나지 않는다. 후반부로 갈수록 정치색을 드러낸다. '아버지 김정은 원수님'이 등장하면서부터는 완전한 체제 선전으로 일관한다. 영화를 만든 이유가 분명해진다.

〈우리 집 이야기〉가 끝난 다음 관객들의 반응은 엇갈렸다.

"옛날 우리 영화랑 별로 다르지 않네."

"어휴, 북한 영화가 그렇지 뭐. 어쩔 수 없네, 아직도……"

사실 많은 관객들이 〈우리 집 이야기〉가 어떤 배경에서 만들어졌고, 어떤 의미가 있는지 알지 못한다. 감격해 우는 아이들을 보면서 "왜 우는 거지", "저게 뭐야"라면서 어이없어하기도 하였다.

단언하건대 관객들 중에서 〈우리 집 이야기〉가 어떻게 만들어졌으며, 영화의 장면이 상징하는 것이 무엇인지 제대로 이해하고 본 사람은 없을 것이다. 북한 영화를 어떻게 보아야 하는지를 배운 적도 없다. 할리우드 영화의 문법과 한국 영화의 맥락으로 북한 영화를 본다면 영화 장면 장면의 의미와 상징은 거의 이해하지 못한다.

북한 영화에는 북한 영화의 문법이 있다. 그 문법에 대한 정보는 알려진 바 없다. 그저 북한 영화라는 정보가 전부일 뿐이다.

북한 영화를 처음 보면 대사도 들리지 않는다. 언어의 차이, 문화의 차이 때문이다.

《야, 이거 내 포충망 어데 간?》
《최우등생전렬에 다시 들어서라. 그렇게 안될 땐 은철이는

축구뽈과 함께 우리 집으로 온다. 어떻니?》

《요거 좀 방조받자마.》

《말 다 했니? 너 그래서 자연관찰 뚜꺼먹구 이 언니 애먹이
니, 애먹여?》

《그건 잘못했어. 하지만 언니도 좀 게잘싸해.》

남북의 언어 차이는 어휘 차이만 있는 게 아니다. 어휘에
축적된 문화적 맥락이 다르다. 〈우리 집 이야기〉에는 "암범 제
새끼 지키듯 동생들을 딱 끼구 내놓지 않는걸", "누나 똥 싼 거
다시 들이밀 수 있니?" 등의 기발한 대사와 유머가 들어 있다.
이런 유머 코드는 맥락을 알아야 이해할 수 있다.

또 상황이 낯설어서 '뭐지?'하기도 한다.

처녀   《어마! 도마도!》

처녀들   《야!》

성아   《오늘이 무슨 날이게?》

승희   《우리 아버지 생일을 쇴거던.》

리정아와 친구들이 둘러앉아 점심을 먹는 장면이다. 풀밭에 각자가 가져온 '점심밥곽'을 내려놓는다. 정아의 절친인 승희가 도시락을 들고 나타났다. 승희의 도시락에는 도마도토마토가 있다. 아버지 생신상에 올랐던 도마도란다. 아버지 생신상에 웬 도마도. 문화적 상황을 이해하지 못하면 들리지 않는다.

이 책에서는 〈우리 집 이야기〉를 크게 세 부분으로 나누어 설명하였다.

첫째는 〈우리 집 이야기〉의 창작 배경과 사회적 의미에 대한 해설이다. 〈우리 집 이야기〉가 북한에서 어떤 의미를 갖고 있으며, 사회적으로 어떤 반향을 일으켰으며, 북한에서는 어떻게 해석하는지를 설명하였다.

둘째는 영화 장면과 대사에 대한 설명이다. 영화 장면의 상황이나 상징이 어떤 의미를 담고 있는지, 대사가 무엇인지를 소개하고 설명하였다.

셋째는 영화 〈우리 집 이야기〉의 제작과 관련한 주변 이야기이다. 〈우리 집 이야기〉의 제작 과정이나 캐스팅 등의 정보를 소개하였다.

　북한 영화는 대단히 정확하게 사회적인 고민을 담아낸다. 북한에서 영화는 영화 자체로서 존재하지 않기 때문이다. 북한 영화는 정치를 떠난 적이 없다.

　북한에서 영화와 정치는 불가분의 관계이다. 정치를 떠난 영화는 영화로서 존재할 수 없다. 영화는 늘 인민들이 '우리 시대'를 어떻게 살아야 하고, 어떤 길로 가야 하는지를 정확하게 보여준다. 인민의 삶을 당이 지배하고 영도하기 때문이다.

　당은 수시로 인민들에게 삶의 의미를 부여하고 가치 있는 삶을 보여주려고 한다. 영화나 문학예술이 존재해야 하는 이유이기도 하다.

　북한 영화에서 보여주는 의미를 이해하는 일은 대단히 간단하면서도 어려운 일이다. 영화가 겉으로 보여주는 주제는 늘 변함이 없다. '기-승-전-수령'으로 이어지는 구조는 1960년대 후반 이래 한 번도 변한 적이 없다. 총론은 '전과동' 각론은 '변화'가 북한 영화의 공식이자 불변의 원칙이다.

그러나 북한 영화가 보여주는 의미와 지향은 시대에 따라서 끊임없이 변한다. 특히 김정은 체제에서 북한은 북한 사회에 일어나고 있는 근본적인 변화를 영화를 통해서 보여주고 있다. 김정은 체제에서 북한의 변화를 가장 잘 보여주는 영화가 바로 〈우리 집 이야기〉이다.

우리는 우리의 영화를 보듯이 북한 영화를 본다. 그러나 북한 영화는 북한 영화이다. 절대로 할리우드 영화나 남한 영화가 아니다. 북한 영화는 북한 영화의 코드와 감성 체계가 있다. 북한의 변화를 읽어 내는 기본 정보가 부족하기에 놓치고 있을 뿐이다.

〈우리 집 이야기〉는 어떤 의미를 담고 있기에 당대회에 모범 사례로 소개되었을까? 그리고 그렇게 중요하다고 평가하는 2016년에 왜 이 영화를 만들었고, 공화국 창건일 기념 영화로 방영하였을까? 김정은이 신년사에 언급한 '우리 집'과 영화는 어떤 관련이 있는 것일까?

〈우리 집 이야기〉가 어떤 영화인지 설명하고 영화 장면의 의미를 분석하는 작업은 쉽지 않다. 사실 북한 영화는 우리에게 대단히 낯선 영화이다. 북한 자체에 대해서도 많이 안다고 생각하지만 우리가 알고 있는 것은 많지 않다.

우리가 북한에 대해 알고 있는 정보는 극히 피상적이거나 감정적이다. 대개의 경우 자신이 경험했거나 알고 있던 당시의 시간에 머물러 있다. 북한은 존재하되, 존재하지 않기 때문이다.

법적으로 남북 관계는 '통일을 지향하는 특수관계'이다. '통일'이라는 미래를 기약한 관계이기에 현존하는 '존재'에서 의미를 찾지 않는다. 현존하는 남북관계는 미래를 위한 과정일 뿐이다. 북한에 현존하는 모든 것은 지나가야 할 것이다. 일종의 '과정', 내지 '임시'일 뿐이다.

하지만 어떤 미래도 탄탄한 현재의 과정이 없이는 불가능하다. 대상으로서 북한을 정확히 알기 위해서는 북한이 어떤 토대와 지형 위에 있는지를 알아가는 작업이 필요하다. 이것은 정치의 문제가 아니다. 남북 소통을 위한 최소한의 이해 과정이다.

이 책은 남한에서 북한 영화를 독해讀解하고, 북한 주민의 일상을 번역하는 첫 번째 '문화 번역' 작업이다. 북한 영화 〈우리 집 이야기〉를 통해 북한의 문화 지형을 읽어가고자 하였다. 하지만 그 과정에서 여러 가지로 능력에 부치는 작업이라는 것을 알게 되었다. 얕은 지식에 기대어 큰 오류를 범하지 않았는지도 걱정이다.

접할 수 있는 최대한의 자료와 지식을 동원한 번역이었다. 문화 분단으로 갈라진 남북을 잇는 작은 핏줄이 되기를 바란다. 어설픈 번역이라는 달가운 비판을 기다린다.

2019년 봄 노암(魯岩) 전영선

어서와
북한
영화는
처음이지

차례

제2부

줄거리

제3부

〈우리 집 이야기〉에 숨겨진 장면

제1부

〈우리 집 이야기〉는 어떤 영화인가

제1장

'우리 국가제일주의'와 '우리 집'

'우리 국가제일주의'와 예술영화 〈우리 집 이야기〉

2016년에 북한에서 제작된 예술영화 〈우리 집 이야기〉
는 단순한 한 편의 영화가 아니라 김정은 시대를 대표하는
영화라고 할 수 있다. 예술영화 〈우리 집 이야기〉를 이해하
기 위해서는 먼저 2016년에 대한 이해가 필요하다.

북한에서 2016년은 역사적인 해로 평가한다. 무엇보다
도 2016년 5월 6일부터 9일까지 조선노동당 제7차 당대회
가 열렸기 때문이다. 당대회는 노동당에서 가장 높은 의사
결정 기구이다. 김정일 체제에서는 한 번도 열리지 않았고
2016년에 있었던 제7차 당대회는 1980년 제6차 당대회가
열린 이후 무려 36년 만에 열린 것이다.

영화 〈우리 집 이야기〉의 타이틀

당대회는 1948년 북한 정권이 수립된 이후 2019년 현재까지 7번 밖에 열리지 않았을 정도로 규모가 크고 중요한 행사이다. 당대회에서는 지난 대회 이후에 노동당에서 추진했던 각 분야의 사업을 평가하고, 새로운 발전 계획을 결정한다. 또한 노동당 규약을 개편하거나 기구의 조직 개편을 승인하고, 지도부와 핵심 기구에 대한 선거를 진행한다.

2016년 제7차 당대회 당시 김정은은 지난 기간 동안 각 분야의 사업을 평가하는 총결 보고에서 문화예술 분야의 성과를 평가하였다. 김정은은 그동안 문학예술 분야에 대해

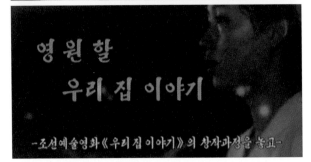

〈우리 집 이야기〉를 소개한 영상물 '류다른 관람열풍을 일으키는 인기영화' (상단 1, 2)
〈우리 집 이야기〉의 의미와 창작 과정을 소개한 영상물 '영원할 우리 집 이야기
- 조선예술영화《우리 집 이야기》의 창작과정을 놓고' (하단)

"모든 부문이 만리마의 속도로 내달리고 있지만 문학예술 부문은 아직 온 사회를 혁명열, 투쟁열로 들끓게 하고 천만 심장에 불을 다는 훌륭한 문학예술 작품들을 많이 내놓지 못하고 있다"고 신랄하게 비판하였다. 특히 영화 부문을 콕 집어서 "침체에서 벗어나야 한다"고 말하였다. 실제로 북한의 영화는 1980년대 중반을 정점으로 내리막길을 걷고 있었고 김정은 체제가 공식적으로 시작된 2012년 이후로는 극심한 침체에서 벗어나지 못하고 있다. 1년에 제작되는 예술영화는 고작 1~2편에 불과하였다. 그나마 2016년에는 예술영화 〈우리 집 이야기〉, 〈복무의 자욱〉, 〈졸업증〉 3편이 제작되었다.

세 편의 영화 중에서도 특히 〈우리 집 이야기〉는 2016년 이후 북한 체제의 변화를 상징적으로 보여준다. 시기적으로나 내용적으로 제7차 당대회와 깊은 연관을 갖고 있는데, 제7차 당대회 토론에서 〈우리 집 이야기〉의 실제 모델로 알려진 장정화가 모범 청년의 사례로 언급되었다. 뿐만 아니라 〈우리 집 이야기〉는 2018년 9월 9일 공화국 창건 70돌에 조선중앙텔레비죤북한에서는 '텔레비죤'으로 표기한다에서 방영하였고, 각종 신문과 언론을 통해 의미를 부여하였다.

'우리 집'은 사회주의 조국이자 '당의 품'

예술영화 〈우리 집 이야기〉에서 우리 집은 사회주의 제도 안에 살고 있는 당의 품을 상징한다.

> "예술영화 〈우리 집 이야기〉에서는 우리의 아버지는 경애하는 김정은 원수님이시고 우리의 집은 당의 품이라는 것을 종자로 하고 있다."*

〈우리 집 이야기〉에서 주인공 정아를 중심으로 당원들과 온 마을 사람들이 고아를 돌보는 모습에서 당국가은 자라는 아이들을 지켜주고 품어주는 우리 집이라는 메시지 전달한다. 이들의 뜻이 곧 아이들의 꿈을 키워야 한다는 원수님의 뜻으로 연결된다.

사회주의 대가정**에서 나아가 '우리 집'이라는 키워드를

---

*   손태광, 「영화의 감화력은 진실성에 있다」, 『조선예술』 2017년 1호(문학예술출판사, 2017) 29쪽.
**   사회주의 대가정 : 사회 전체를 하나의 큰 가정으로 보고 아버지를 수령으로, 어머니는 당으로, 자녀는 인민으로 도식화한 이념

내세우는 이유는 2019년 1월 1일 신년사를 통해서 확인할 수 있다. 2019년 1월 1일 신년사에서 김정은은 '우리 국가제일주의를 신념으로 간직'해야 한다고 하면서, '소중한 사회주의 우리 집을 우리 손으로' 잘 가꾸어야 한다고 하였다.

> "전체 당원들과 근로자들은 정세 환경이 어떻게 변하든 우리 국가제일주의를 신념으로 간직하고 우리 식으로 사회주의 경제건설을 힘 있게 다그쳐 나가며 세대를 이어 지켜 온 소중한 사회주의 우리 집을 우리 손으로 세상에 보란 듯이 훌륭하게 꾸려 나갈 애국의 열망을 안고 성실한 피와 땀으로 조국의 위대한 역사를 써 나가야 합니다."
>
> – 김정은, 2019년 신년사 중에서

김정은이 언급한 '사회주의 우리 집'은 곧 사회주의 제도에 살고 있는 우리 국가를 의미한다. 이는 2019년 1월 19일 「로동신문」 기사 '사회주의 우리 집을 이런 참된 공민들이 떠받는다' 등을 통해서도 확인된다.

북한에서 '제일주의'는 '우리 국가제일주의'가 처음이

〈우리 집 이야기〉의 의미와 사회적 반향을 소개한 북한 영상물

아니다. '인민생활제일주의'를 비롯하여 여러 가지가 있었
다. '제일주의'라고 해도 논의 차원이 동일한 것은 아니다.
'우리 국가제일주의'와 대비되는 것으로 '우리조선 민족제일
주의'가 있다. '우리 민족제일주의'는 1980년대 동구 사회주
의 체제의 개혁개방 추진 이후 북한에서 체제 수호 차원에서
부각된 이데올로기였다. 동구 사회주의 국가와는 다른 북한
사회주의 체제 국가와의 차별성을 강조하면서, 북한식 사회
주의 제도의 당위성을 강조하였다.

반면 '우리 국가제일주의'는 국가를 중심에 놓고 사회주
의를 고수하는 정상적인 국가로서 국가의 위상이 강조된다.

'우리 국가제일주의'는 김정일 애국주의를 기본으로 김정은 체제에서 새롭게 떠오르고 있는 구호이다. 2017년 11월 30일 대륙간탄도로켓인 '화성 15호' 시험 발사 직후에 나오기 시작하여 2018년 『조선녀성』이라는 잡지를 통해 공론화되었다. 이후 2019년 1월 1일 신년사를 통해 언급되었고, 「로동신문」을 통해 의미와 내용을 소개하고 있다.

미풍선구자 '처녀 어머니'가 된 장정화의 실화를 모티브로 한 영화

〈우리 집 이야기〉는 18세의 젊은 나이에 고아 7명을 키워 '처녀 어머니'로 불린 장정화영화에서는 리정아로 설정의 실화를 모티브로 한 영화이다. 장정화의 이야기는 2015년 5월 30일자 「로동신문」을 통해 알려졌고, 2015년 6월 13일자 조선중앙텔레비죤을 통해 소개되었으며, 2016년에 있었던 조선노동당 제7차 당대회에서 '미풍선구자'로 소개되기도 하였다.

"전쟁로병의 친사식, 영예군인의 영원한 길동무가 되고 20살 꽃나이에 '처녀 어머니'가 되어 사회주의 대가정을

<우리 집 이야기>의 실제 모델 장정화를 소개한 영상물

아름답게 가꿔가는 미풍선구자들과 번지르르한 남의
것이 아니라 고상한 우리의 것을 꽃피우며 선군청년문
화를 창조해가는 청년들의 모습에서 우리 인민은 위대
한 당이 키운 500만 청년전위들의 참모습을 보고 있습
니다."*

　장정화의 이야기가 왜 김정은 시대에 이토록 주목받는
지는 영화의 대사를 통해서 확인된다. 영화에서 구역 책임비
서는 초급단체위원장을 불러 리정아가 어떤 일을 하고 있으
며, 어떤 생각으로 은정이 남매 집을 오가는지를 말한다.

────

*　'김상민 대표의 토론', 「로동신문」, 2016년 5월 8일.

책임비서	《한 처녀가 말이야, 중학교를 갓 졸업한 것 같애. 남을 위해서 그것두 부모 없는 아이들을 위해서 하루에도 몇 차례씩 이 길을 오간단 말이요, 이 길을… 아직은 부모의 사랑을 받아야 할 그 나어린 처녀가 왜 이 길을 택했을가? 이 길을 걸으면서 무슨 생각을 했을가?… 허허… 나두 얼마전에야 알게 됐어.》

신중해지는 책임비서.

《그럼 내 의견을 말하겠습니다. 난 그 처녀가 나이는 어리지만 가슴속엔 아주 소중한 꿈이 있다고 생각되오. 이자 방금 학교문을 나선 그에게 깃들기 시작한 그 소중한 꿈이란 무엇이겠소? 온 나라 애육원, 육아원들을 찾고 찾으시며 부모 없는 아이들의 마음에 그늘이 질세라 늘 마음을 쓰시는 우리 원수님 어깨에 실려 있는 짐을 조금이라도 덜어드리고 싶은 그 마음이 아니겠소. 그 어린 동무가 말이오. 난 인간으로서두 그 소중한 꿈을 지켜주고 싶소!》

굳어지는 창국.
자리에서 일어서는 책임비서.

《동무들, 우리 당이 수십년 력사에서 이룩한 제일 큰 업적들 중의 하나가 뭣이라고 생각하오? 이 땅에 청년강국의 시대를 열어놓은 것이오. 바로 이 속에 우리 강선 땅의 리정아와 같은 순결하고 아름다운 한 송이 꽃도 있소.》

큰 충격을 받은 창국.

〈우리 집 이야기〉의 모델 장정화와 그녀가 받은 김정일청년영예상(하단)

리정아의 행동은 한 개인이 동정심으로 고아를 돌보는 것이 아니라는 것이 핵심이다. 고아들을 위해서 밤낮으로 애쓰는 '경애하는 원수님'의 걱정을 조금이라도 덜어드리고자 하는 마음에서 하는 행동이라는 것이다. 이 부분은 〈우리 집 이야기〉의 주제를 집약적으로 보여주는 대사이기도 하다.

〈우리 집 이야기〉의 모델이 된 장정화는 김정은 체제의 새로운 영웅으로 부각되고 있다. 노동당의 핵심 정책 중 하나인 청년중시사상의 결과로 장정화와 같은 영웅이 나오게 되었다는 것이다.

가요 〈우리의 김정은 동지〉의 배경화면으로 소개된 장정화(상단)
장정화의 집에서 현실체험을 하는 출연자들(하단 1, 2)

"우리 시대 청년미풍선구자로 떠받들리고 있는 강선 땅의 '처녀 어머니'를 원형으로 하고있는 영화는 부모 없는 아이들을 친혈육의 정으로 애지중지 키우는 꽃나이 처녀의 형상을 통하여 새 세대 우리 청년들의 아름다운 사상정신 세계와 고상한 풍모는 당의 청년중시사상이 안아 온 고귀한 결실이라는 것을 감명 깊게 보여주고 있다."*

장정화의 일화는 방송과 언론을 통해 전국으로 소개되었고, 가요 〈우리의 김정은 동지〉의 영상 화면에 〈우리 집 이야기〉의 실제 모델인 장정화와 아이들이 등장한다.

〈우리 집 이야기〉는 김정은 시대 '청년미풍선구자'로 떠오른 리정아실제는 장정화를 중심으로 전개된다. 주연을 맡은 백설미는 영화의 사실성을 높이고자 영화의 모델이 된 장정화의 집에서 아이들과 함께 생활하였다고 한다.

---

* '예술영화 〈우리 집 이야기〉', 『조선예술』 2016년 12호(문학예술출판사, 2106) 41쪽.

2016년 제15차 평양국제영화축전에서 최우수작품상 수상 장면(왼쪽)과
여배우연기상 상장(오른쪽)

2016년 제15차 평양국제영화축전 수상 영화

평양국제영화축전은 비동맹 국가의 친선을 도모하기 위해 평양에서 영화제를 개최하기로 시작한 것이 출발이었다. 처음에는 '쁠럭불가담 및 기타 발전도상 나라들의 평양영화축전'이라는 이름으로 불렸다.

격년으로 짝수해에 진행되는 평양국제영화축전에서 〈우리 집 이야기〉는 2016년 최우수작품상을, 주인공 백설미는 여배우연기상을 수상했다.

제2장

제작

〈우리 집 이야기〉의 제작처 조선예술영화촬영소 눈보라 창작단

〈우리 집 이야기〉를 제작한 곳은 조선예술영화촬영소 눈보라창작단이다. 북한의 영화촬영소는 유형에 따라 나누어지는데, 예술영화는 예술영화촬영소, 만화영화는 만화영화촬영소에서, 기록영화는 기록영화촬영소에서, 과학영화는 과학영화촬영소에서 만든다.

조선예술영화촬영소는 김일성훈장을 받은 예술영화 전문 촬영소이다. 물론 조선예술영화촬영소만 김일성훈장을 받은 것은 아니다. 북한의 영화촬영소는 다 김일성훈장을 받았다.

김일성훈장을 수여받은 조선예술영화촬영소 눈보라창작단 소개 장면

북한에서 예술영화를 창작하는 곳은 2곳으로 조선예술영화촬영소와 조선인민군 영화촬영소인 조선4.25예술영화촬영소구 조선2.8예술영화촬영소가 있다. 〈우리 집 이야기〉를 창작한 조선예술영화촬영소 눈보라창작단은 기존에 알려지지 않은 창작단이다.

출연진의 소속을 보면 주인공 백설미는 조선4.25예술영화촬영소 소속이며, 영화문학을 쓴 원영실 역시 조선4.25영화문학창작사 소속 작가이다. 영화연출을 맡은 리윤호, 구역책임비서역을 맡은 배우 려철은 조선예술영화촬영소 소속이다. 이를 보면 〈우리 집 이야기〉를 제작한 눈보라창작단은 조선예술영화촬영소에서 별도로 구성한 창작단으로 추정된다.

조선예술영화촬영소는 3백만 평 규모의 영화촬영소이자 영화제작기관으로 약 10편의 영화를 동시에 제작할 수 있다. 영화 제작은 시대에 따라서 조금씩 달라졌는데, 조선예술영화촬영소라는 단일 시스템으로 통합하여 운영하다가 왕재산창작단이나 보천보창작단처럼 독립된 단체를 운영하기도 하였다. 하지만 별도의 창작실 체제는 오래가지 못하고 다시 통합 체제로 운영하였다.

최근까지도 별도의 창작단을 명기하지 않고, 조선예술영화촬영소로 통합 운영하고 있다. 〈우리 집 이야기〉를 창작한 눈보라창작단이 부진하다고 질책받은 영화계에서 특별팀으로 임시 편성한 창작단인지 아니면 조직 자체를 창작단 체제로 바꾼 것인지는 좀 더 두고 보아야 한다.

원영실·장순영 영화문학, 리윤호·하영기 연출

예술영화 〈우리 집 이야기〉는 원영실·장순영의 영화문학에, 류룡수·하경철의 촬영, 리윤호·하영기의 연출로 2016년에 제작된 100분 길이의 영화이다. 북한 문학예술에서는 스토리가 중요하기 때문에 문학이 강조된다. 이 때문에

영화문학 … 원영실
　　　　　　장순영

조선4.25영화문학창작사
　作家 원영실

연　출 … 리윤호
　　　　　하영기

조선예술영화촬영소
　연출가 리윤호

〈우리 집 이야기〉의 영화문학 소개 장면(상단 왼쪽)과 영화문학을 쓴 조선4.25영화문학창작사 작가 원영실(상단 오른쪽)
〈우리 집 이야기〉의 연출자 소개 장면(하단 왼쪽)과 연출을 맡은 조선예술영화촬영소 연출가 리윤호(하단 오른쪽)

텔레비전 드라마는 '텔레비죤문학'이라고 하고, 시나리오는 '영화문학'이라고 한다.

〈우리 집 이야기〉는 처녀인 주인공 리정아가 고아가 된 은정이 남매은정, 은향, 은철를 어머니처럼 보살핀다는 줄거리이다. 영화의 제목인 〈우리 집 이야기〉는 은정이 남매 엄마가 생전에 아이들을 키우면서 쓰던 일기장의 이름이다.

영화는 은정이의 부모가 미래의 꿈을 담은 〈우리 집 이야기〉라는 일기장을 남기고 세상을 떠나고, 부모를 잃은 이 집에 리정아라는 처녀가 드나들면서 아이들을 돌보는 것에서부터 시작한다. 리정아는 은정이 남매에게 마음을 다해 다가가지만 수학 천재이면서 자립심도 강한 큰 딸 은정이는 엄마의 자리를 쉽게 허락하지 않는다. 그러나 은정이도 정아 언니와 주위 사람들이 진심으로 자신의 꿈을 키워주려고 한다는 것을 알고는 마침내 정아에게 마음을 연다.

정아의 선행은 김정은에게도 알려지고, '처녀 어머니'로 불리게 된다. 은정이 남매는 엄마처럼 모든 것을 품어주고 자신과 동생들의 꿈을 지켜주려는 정아에게 마음을 열고 엄마가 쓰던 일기장을 건넨다.

모란봉악단의 연주

북한 영화에서는 음악이 매우 중요하다. 기본적으로 2곡 이상의 노래가 삽입되어 있는데 〈우리 집 이야기〉에도 주제 가를 비롯하여 여러 곡의 음악이 들어있다. 〈우리 집 이야기〉의 주제가는 다음과 같다.

우리 손잡고 뛰여놀며
밝은 웃음꽃 피우는 집
너와 나 친형제 되어
혈육의 정에 사는
우리 집 우리 집 제일 좋아

우리 이웃들 그 마음이
서로 다정히 오가는 집
너와 나 한식솔 되어
진정을 바쳐가는
우리 집 우리 집 제일 좋아

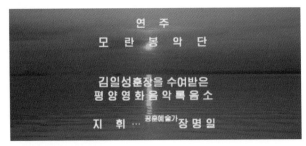

모란봉악단의 연주 소개 장면

〈우리 집 이야기〉의 음악은 모란봉악단이 맡았다. 모란봉악단은 김정은이 본격적으로 최고 권력에 오른 2012년에 창단된 최고의 악단이다. 북한에서 영화음악은 영화및방송음악단에서 맡았고 전자음악단이 영화음악을 맡는 경우는 거의 없었다. 모란봉악단이 예술영화의 영화음악을 맡은 것은 극히 이례적인 일이었다.

평양영화음악록음소의 음악 녹음

〈우리 집 이야기〉의 녹음은 평양영화음악록음소에서 녹음하였다. 평양영화음악록음소는 영화및방송음악단의 지휘를 맡았던 장명일이 지휘하는 것으로 보아 그 동안 영화음악

평양률곡고급중학교 아동음악반 소개 장면

을 담당하던 영화및방송음악단 이름을 새롭게 바꾼 것으로
보인다.

평양률곡고급중학교 아동음악반의 노래

노래는 리혜정, 김재필이 가사를 쓰고, 김수영, 최유정,
리지성, 김미향이 맡았다. 김수영을 제외하고는 모두 '평양
률곡고급중학교 아동음악반' 소속이다. 평양률곡고급중학
교는 북한에서 제작되는 모든 아동 영화만화영화의 음악을 담
당할 정도로 영화 주제가에 특화된 음악반이다.

〈우리 집 이야기〉는 아동 영화가 아니라 예술영화이지만
청소년들이 주인공이어서 아동 영화음악이 전문인 평양률

곡고급중학교 학생들이 노래를 부른 것이다.

〈우리 집 이야기〉의 주제가와 함께 불린 노래는 〈조국찬가〉이다. 영화에서 리정아가 은정이의 수학올림픽 참가를 축하하는 축하상을 차린다. 리정아와 은정이 남매가 한 자리에 모여서 은정이에게 금메달을 따오라고 축하를 하면 셋째 은향이가 〈조국찬가〉를 부른다.

제3장

출연진

출연진, 창조성원 소개 방식

〈우리 집 이야기〉는 실화를 바탕으로 한 예술영화이다. 북한에서는 실제 모델을 '원형'이라고 한다. 실존 인물인 장정화 역을 맡은 배우는 백설미였다. 영화의 출연진은 영화가 끝난 후 소개되는데 주인공과 주요 출연진, 주요 창조성원을 소개하는 방식과 기타 배역을 소개하는 방식이 다르다.

주인공인 리정아백설미 분와 은정김태금 분, 은향김봄경 분, 은철오현철 분 그리고 영화문학원영실·장순영, 촬영류룡수·하경철, 미술김철균, 작곡설태성·함철, 동시녹음강천석·최광휘, 연출리윤호·하영기은 극이 마무리되는 마지막에 극의 전개와 함께 소개한다.

반면 책임비서, 정아어머니, 정아아버지, 창국, 승희, 철민,

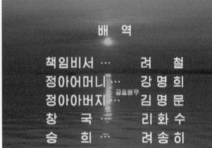

〈우리 집 이야기〉에서는 두 가지 방식으로 출연진과 창조성원을 소개하였다.

이모, 인민반장 등의 배역과 부연출이나 분장, 편집, 부촬영, 부미술 등의 창조성원에 대해서는 엔딩크레딧으로 한 번에 소개한다.

리정아

〈우리 집 이야기〉의 주인공은 리정아이다. 실제 영화의 모델이었던 장정화의 극중 이름이다.

리정아 역을 맡은 배우는 조선4.25예술영화촬영소 소속 배우 백설미이다. 당시 백설미는 막 연기를 시작한 신인배우였다. 그러나 예술영화 〈우리 집 이야기〉의 주인공 리정아

역을 맡아 제15차 평양국제영화축전에서 여배우연기상을 수상하면서, 일약 인기배우 반열에 올랐다.

〈우리 집 이야기〉에 이어서 2016년에 제작된 예술영화 〈북무의 자욱〉에서는 군의관 송유정 역을 맡으면서 주목받는 배우가 되었다. 2016년 북한에서 제작된 예술영화가 〈우리 집 이야기〉, 〈북무의 자욱〉, 〈졸업증〉 3편인데, 그 중에서 〈우리 집 이야기〉와 〈복무의 자욱〉 2편의 주인공으로 출연한 것이다.

〈우리 집 이야기〉에서 주인공 리정아는 급양관리소에서 일하는 18살의 애어린 처녀로 급양초급단체원이자 청년동맹원이다. 리정아가 돌보는 은정이의 나이는 15살로 3살 차이다.

은정, 은향, 은철, 은석

〈우리 집 이야기〉에서 은정이 남매는 군대 간 큰오빠, 은정, 은향, 은철의 4남매이다. 리정아 못지 않게 비중이 높았던 인물은 맏딸이자 둘째인 은정이다. 극중에서 은정은 고급중학교 학생으로 수학 천재이면서 자존심이 강하고 당찬 아이로 나온다.

은정 역은 김원균명칭 평양음악종합대학 평양제2음악

학원 학생인 김태금이 맡았는데, 영화 출연 당시에는 극중의 나이와 같은 15살이었다. 맏아들 은석 역은 평양연극영화종합대학 학생인 주세호가 맡았다. 영화 〈우리 집 이야기〉에서는 은석이 맏이, 은정이 둘째로 나오지만 실제 나이는 은정이 역을 맡았던 김태금 학생이 은석이 역을 맡았던 주세호 학생보다 한 살 많았다.

셋째인 은향은 극중에서 강철초급중학교 2학년 4반 학생이다. 은향 역은 금성제1중학교 학생 김봄경이 맡았고, 막내 은철은 금성제1중학교 학생 오현철이 맡았다. 김봄경과 오현철 학생은 같은 학교의 동급생이다. 금성제1중학교는 음악 분야의 예술영재 학교이다. 영화에서 은향이는 가수가 되고 싶어하고, 극 중에서 〈조국찬가〉를 부르기도 한다.

구역 책임비서

〈우리 집 이야기〉에서 '목수 아저씨'처럼 은정이네 집 손잡이를 고쳐주고, 아이들과 함께 윷놀이도 하면서 소탈한 성품을 보여준 구역 책임비서 김성학은 조선예술영화촬영소 배우 려철이 맡았다.

정아, 은석, 은정, 은향, 은철, 책임비서 역할을 맡은 배우들

승희

영화에서 정아를 도와주는 승희는 메기탕집 조리사이다. 요리경연대회에서 정아와 함께 우승을 다툴 정도의 실력자이자 리정아의 '딱친구절친'이다. 〈우리 집 이야기〉에서 승희는 언제나 정아의 편을 들어준다. 정아가 은정의 말에 상처를 받고 힘들어할 때 위로를 해주고, 정아가 은정이 남매를 위해서 일부러 요리대회에서 3등을 하고자 하였다는 사실과 1등으로 받은 화장품을 아이들을 위해서 3등 상품과 바꾸었다는 사실을 아이들에게 알려준다.

혜복(정아어머니)

리정아의 어머니인 혜복은 용해공식당 책임자이다. 은정이 부모가 죽은 이후 홀로 남은 은정이 남매를 도와주고 외동딸 정아에게 은정이 엄마가 쓰던 기대일지를 구해준다. 리정아는 혜복이 구해다 준 기대일지를 가지고 은정이 엄마의 글씨를 연습한다.

제4장

배경

선녀가 내려와 노닐던 곳 강선

예술영화 〈우리 집 이야기〉의 배경이 된 곳은 강선이다. 강선은 한자로 降仙강선이다. 하늘에서 선녀가 내려와 놀고 갔다는 전설이 있는 곳이다. 영화에서는 리정아의 엄마 혜복이 당뇨약을 챙겨주는 리정아에게 '강선에 선녀가 아니라 효녀가 내렸네'라고 말한다. 이 대사는 바로 강선의 전설을 활용한 대사이다.

뉴스제보
kbs1234@kbs.co.kr   KBS1

방금 전에 천리마의 고향인 강선 땅에서
우리 후방 가족들의 소식이 또 들어왔습니다.

'강선이 천리마의 고향' 이라는 내용의 북한 방송(KBS 방송물 중에서)

천리마의 고향 '강선'

영화의 배경이 된 강선은 '천리마의 고향'으로 알려진 북한의 대표적인 혁명사적지로 김일성과 김정일의 혁명사적이 있다. 〈우리 집 이야기〉 후반부에는 리정아와 은정이 남매가 대형 그림비에 인사를 하고, 동상에 꽃을 바치는 장면이 나온다. 강선을 현지지도한 김일성과 김정일의 그림이다. 〈우리 집 이야기〉는 강선의 혁명사적지를 배경으로 하면서, 현장성도 높고 수령의 사상이 깃들어 있다는 것을 강조한다.

천리마는 하루에 천리를 간다는 전설의 말이다. 강선이

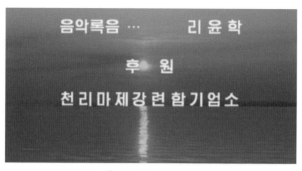

<우리 집 이야기>는 천리마제강련합기업소에서 후원하였다.

라는 곳이 '천리마의 고향'으로 알려지게 된 것은 천리마제
강련합기업소 때문이다. 천리마제강련합기업소의 이전 명
칭은 강선제강소였다. 강선제강소는 철을 생산하는 곳이다.
우리로 치면 포스코의 전신인 포항제철에 해당한다.

　<우리 집 이야기>는 천리마제강련합기업소의 후원으로
제작되었다. 영화에서도 천리마제강연합소에서 일하는 장
면이 나온다.

　전쟁이 끝나고 산업화를 진행하면서 각 분야에서 강철
이 필요할 때, 강선제강소 천리마작업반에서 엄청난 성과를
이룩했다. 이때 놀라운 성과를 보인 작업반이 바로 '천리마
작업반'이었다.

박문혁, 〈전후 40일만에 첫 쇳물을 뽑는 강철전사들〉(유화, 1970)

이후 천리를 가는 말처럼 힘찬 기세로 사회주의 건설에 나서자며 강선제강소 천리마작업반조의 성과를 산업 전 분야에 확산하고자 '천리마 운동'을 시작하였다. 천리마는 생산에서의 혁신을 상징하는 심볼로 자리 잡았다. 천리마작업반조의 신화는 '만리마'가 등장하기 전까지 북한의 대표적인 노력동원 운동이었다.

평양의 랜드마크 천리마동상

북한에서 천리마가 북한식 근대화를 상징하는 상징물이라는 것은 평양의 천리마동상을 통해서도 확인할 수 있다. 1961년 4월 15일에 세워진 평양의 천리마동상은 북한의 심장인 평양의 랜드마크이다. 평양의 천리마동상은 당중앙위원회 〈붉은 편지〉를 높이 든 남성 노동자와 볏단을 안은 여성이 천리마를 타고 있는 모습을 형상하였다.

남성 노동자는 소극성, 보수주의를 없애고 계속 혁명정신으로 전진하는 천리마 시대의 천리마 기수를 상징하며, 볏단을 안은 여성은 풍년을 상징한다.

평양의 랜드마크인 천리마동상(상단)과 조선예술영화촬영소 타이틀 영상(하단)

조선예술영화촬영소의 로고 천리마

북한에서 영화관에 가면 가장 먼저 보는 것이 제작사의 타이틀 영상이다. 〈우리 집 이야기〉를 창작한 조선예술영화촬영소의 타이틀 영상에는 바로 천리마가 등장한다.

조선예술영화촬영소의 타이틀 영상은 화면 중앙에 천리마동상, 우측 상단에 눈 덮인 백두산, 하단에 흰색의 '조선영화'로 구성되어 있다. 영상은 천리마동상이 오른쪽으로 서서히 회전하면서 사라진다. 조선예술영화촬영소의 타이틀 영상은 디지털화가 이루어지면서, 예전에 비해 선명해졌고, 디자인도 세련되어졌다.

영화를 캡처한 화면에서 우측 상단의 로고는 조선중앙텔레비죤방송사의 로고이다. 〈우리 집 이야기〉는 2017년 6월 29일 조선중앙텔레비죤을 통해 방영되었다. 예술영화이지만 텔레비전을 통해서 방영된 화면이기 때문에 방송사 로고가 있다. 북한 유일의 전국 채널인 조선중앙텔레비죤방송사 로고는 가운데 붉은 횃불을 중심으로 '조선'이라는 글자가 양옆에 있다. 횃불은 북한에서 혁명을 상징하는 가장 일반적인 상징물이다.

햇불을 이미지로 한 삼지연대기념비(왼쪽)와 항일혁명투쟁탑의 부주제군상 중 햇불을 들고 있는 조각상(오른쪽)

정관철, 〈보천보의 해불*〉(1948, 유화)
* 북한에서는 횃불이 아니라 해불이다.

제5장

촬영

동시녹음

〈우리 집 이야기〉는 동시녹음강천석·최광희으로 제작되었다. 일반적으로 영화를 제작할 때는 동시녹음으로 제작한다. 현장감이 있고, 연기와 감정을 살릴 수 있기 때문이다. 반면 북한에서 동시녹음은 일반적인 현상이 아니었다. 그러나 〈우리 집 이야기〉는 동시녹음으로 제작되었다.

> "예술영화《우리 집 이야기》에서는 련속촬영과 동시록음형상을 잘 배합하여 작품의 진실성을 훌륭히 보장하였다."*

---

* 황명성, 「예술영화 창작에서 동시록음과 련속촬영」, 『조선예술』 2017년 10호(문학예술출판사, 2017), 71쪽.

동시녹음을 알리는 타이틀

다양한 촬영 기법

〈우리 집 이야기〉에는 다른 예술영화에서 흔히 사용하지 않았던 다양한 촬영 기법으로 화면을 연출하였다. 북한에서는 영화촬영에서 카메라 기법을 잘 사용하지 않는다.

영화가 허구가 아니라 사실이라는 점을 부각시키고자 하기 때문이다. 카메라의 시간과 일상의 시간이 꼭 같이 돌아가는 것처럼 보이기 위해서 롱테이크 기법을 자주 활용하고, 카메라도 안정적인 샷을 주로 활용 한다.

그러나 〈우리 집 이야기〉에서는 적극적으로 다양한 연출과 카메라 워킹으로 인물 간의 갈등과 내면을 보여주고 있다.

일반적인 북한 영화와 다르게 〈우리 집 이야기〉에서 다양한 장면이 연출된 것은 연속촬영 기법이 적극적으로 활용되

공중 촬영, 원근을 이용한 인물들의 감정 표현

연속촬영으로 연출한 식사 장면

었기 때문이다. 북한에서도 〈우리 집 이야기〉가 동시녹음과 연속촬영을 활용해 좋은 영상을 만들었다는 것을 강조한다.

"련속촬영은 여러 대의 촬영기들이 배우의 지속연기를 여러 각도에서 화면에 옮기는 것으로 하여 자감에 들어 간 배우의 인물형상을 완벽하게 그려 낼 수 있게 한다. 예술영화 《우리 집 이야기》의 창조과정이 이것을 잘 보여주고 있다.

특히 어린 배우들의 인물형상은 대부분 지속연기를 시 키고 련속촬영을 하였다.

영화에서 보여주고 있는 것처럼 연기 경험이 전혀 없 는 어린 배우들이 그렇듯 훌륭한 자감속에서 역형상* 을 참신하고 진실하게 할수 있은 것은 련속촬영 방법 으로 얻어진 결실의 하나라고 볼 수 있다."**

---

* 역형상 : 연기자가 자신이 맡은 인물의 성격이나 생활을 연기로 그려 내 는 일

** 황명성, 「련속촬영으로 돋구어지는 배우의 지속연기」, 『조선예술』 2017년 11호(문학예술출판사, 2017), 74쪽.

실사를 활용한 장면 구성

실사화면의 활용

〈우리 집 이야기〉의 후반부에는 리정아가 모범선구자로 뽑혀 연설하는 장면이 있다. 이 장면에서는 객석에 많은 사람들이 앉아서 리정아의 연설을 듣는다. 이 장면은 어떻게 만들었을까. CG를 활용하는 게 일반적인 방식이다.

그러나 이 장면은 실제 기록영상을 영화에 활용한 것이다. 영화의 사실성을 높이기 위해서다. 실제 장면을 영화에 활용하는 것은 북한 영화에서 흔히 볼 수 있는 연출이다.

연출이 아닌 실제 장면을 활용하는 것은 비용의 문제 때문이 아니다. 영화를 예술이나 허구로 보지 않고, 실제 있었던 일로 받아들이고 주인공의 긍정적인 면을 따라 배우도록 장려하기 위함이다.

북한에서 영화는 또 다른 정치교육의 하나이다. 영화를 예술이 아닌 사실로 받아들이며 배우고 실천하기를 원한다. 그래서 영화는 기꺼이 사실이라는 점을 드러내고자 한다.

제2부

줄거리

영화문학

우리 집 이야기

원영실, 장순영

길

륙교길에 오른 학생들.

은정의 집안

아침출근으로 붐비는 은정의 형제들이다.

경대에 비친 세 아이의 모습.

《아, 이거 내 포충망 어데 간?》

《포충망은 또 왜?》

《우리 오늘 자연관찰가는데 포충망 없으면 어 떻게 하나?》

《누나, 내거 국어단어장 못 봤나?》

경대서랍을 닫는 은정.

《너희들은 아침마다 정말!》

경대에서 떨어진 가족사진을 집어 다시 붙이는 은정.

《포충망이구 단어장이구 지각하기 전에 빨리 들 가자.》

《야, 빨리 가자. 학교 늦겠어.》

《나 몰라. 선생님한테 또 욕먹겠구나.》

심화가 울린다.

《우리 집에는 엄마가 쓰던 한권의 책이 있다.》

책상우에 놓여진 책에 글을 쓰는 녀인의 손.

여기에 화면이 펼쳐진다.

은정이네 집 창가에 비친 행복한 식구들의 모습.

부모들앞에서 노래부르는 두 아이.

책장을 넘기는 녀인.

노래를 부르는 아이들의 모습.

로동자들속에 아이들과 함께 있는 은정이의 부모.

이상의 화면들이 흐르는 속에 울리는 설화.

강가

강가에 서있는 은정.

《그 책에는 자식들의 먼 앞날까지 그려본 어머

니의 꿈이 있었다. 식구들은 그 책을 《우리 집 이 야기》라고 불렀다. … 혁신자로 일하던 아버지를 잃고 그 일터에서 일하던 어머니마저 순직하였다. 내가 열다섯살이 되던 해였다.》

둑뚝길

자전거를 타고 달려가는 청아.

설화 《이름은 리청아. 학교를 갓 졸업한 이 언 니가 우리 집에 드나들던 그때부터 우리 집 이야기 는 다르게 흘러갔다.》

책에 쓰여지는 글.

《우리 집 이야기》

여기에 새겨지는 제명.

우리 집 이야기

은정의 집 마당

문이 빌컥 열리며 나오는 이모.

뒤따라나오는 은정.

《이모! 그만둬요. 그만두라는데!》

대문가로 다가가면 '이모 돌아선다.

《그래두 오늘 은향이가 자연관찰 간다는데 포 충망을 안 가져가면 어떡하니? 어디 가서 빌려라 두 와야지. …》

은정 《이모처럼 그렇게 내 동생들 어자어자하니 까 제 물건 잊어먹어도 그만, 또 누가 갖다주겠지… 남만 쳐다보구… 난 그게 싫어죽겠단 말이예요.》

동생들이 내다보는 질문을 쾅 닫는 은정.

다가가는 이모.

《뭐? 남? 야, 내가 남이냐? 엉? 남이야?》

머리를 돌리는 은정.

『조선예술』 2017년 1호에 실린 〈우리 집 이야기〉 영화문학

영화 〈우리 집 이야기〉는 조선중앙텔레비죤을 통해
2017년 6월 29일 방영되었다.
『조선예술』 2016년 12호에 창조성원과 배역,
간단한 소개를 실었고, 2017년 1호에는 59쪽부터 80쪽까지
영화문학 전문을 실었다.
이 글의 영화문학은 『조선예술』 2017년 1호에 실린
영화문학의 일부이다.

# #

"포충망이구 단어장이구 지각하기 전에 빨리들 가자."

《야, 이거 내 포충망* 어데 간?》

《포충망은 또 왜?》

《우리 오늘 자연관찰가는데 포충망 없으면 어떻게 하나?》

《누나. 내거 국어단어장 못 봤나?》

경대서랍**을 닫는 은정.

《너희들은 아침마다 정말!》

경대에서 떨어진 가족사진을 집어 다시 붙이는 은정.

《포충망이구 단어장이구 지각하기 전에 빨리들 가자.》

《야, 빨리 가자. 학교 늦겠어.》

《나 몰라. 선생님한테 또 욕먹겠구나.》

　　〈우리 집 이야기〉의 시작은 아침 등굣길의 아이들과 은
정이네 아침 풍경으로 시작한다. 아이들이 부지런히 학교로
가고 있는 그 시간 은정이네 남매는 아직도 학교 갈 준비로
바쁘다.

　　은향이는 오늘 '자연관찰'을 가야 하는데 포충망이 보이
지 않는다. 은향이가 허겁지겁 포충망을 찾는 동안 막내 은

---

*　　포충망 : 잠자리채. 한자로는 捕蟲網(포충망)이다. 벌레를 잡는 그물이
라는 뜻이다.

**　　경대 : 한자로는 鏡臺(경대)이다. 거울이 달린 화장대를 말한다.

철이는 국어단어장을 찾는다.

아침 등교를 서두르는 아이들의 모습 사이로 경대^{화장대}에 붙어 있는 한 장의 사진이 클로즈업된다. 은정이 엄마 아빠와 4남매가 나란히 찍은 은정이네 가족 사진이다.

학교 준비물을 챙기지 못해 이리 저리 찾는 아이들과 대비되는 가족 사진. 이 사진을 통해 아이들에게 부모가 어떤 존재인지를 보여준다. 아직은 학교 준비물도 제대로 챙기지 못하는 아이들. 그 아이들의 미래는 어떻게 될 것인가?

#

"그 책에는 자식들의 먼 앞날까지 그려본 어머니의 꿈이 있었다."

《그 책에는 자식들의 먼 앞날까지 그려본 어머니의 꿈이 있었다. 식구들은 그 책을 〈우리 집 이야기〉라고 불렀다.… 혁신자로 일하던 아버지를 잃고 그 일터에서 일하던 어머니마저 순직하였다. 내가 열다섯 살이 되던 해였다.》

영화의 제목이자 주제인 〈우리 집 이야기〉가 어떤 것인지를 보여주는 장면이다. 우리 집 이야기는 은정이네 가족이 함께 써 내려가는 가족 일기장이다. 은정이 남매의 탄생과 성장에 대한 기록이자 꿈을 키워가려는 부모의 사랑이 담긴 일기장이다.

은정이 엄마가 쓰던 〈우리 집 이야기〉에 대한 회상이 끝나면서 자전거를 타고 가는 한 처녀의 모습이 나온다. 영화 〈우리 집 이야기〉의 주인공 리정아백설미 분이다.

이른 아침 그녀는 자신의 집에서 반대편에 있는 은정이네 집으로 가고 있는 중이다. 리정아는 은정이네 남매를 돌보는 엄마의 심부름으로 은향이에게 줄 포충망을 들고 은정이네 집으로 가고 있다.

리정아가 자전거를 타고 가는 장면은 영화 〈우리 집 이야기〉의 주제와 의미를 함축적으로 보여준다. 리정아가 자전거를 타고 가는 동뚝길은 리정아의 집에서 은정이네 집으로 향하는 길이다. 이 길은 앞으로 매일같이 은정이네 남매를 보살피기 위해 가야 하는 길이다.

〈우리 집 이야기〉에서 '길'은 핵심적인 상징이자 모티브이다. 〈우리 집 이야기〉 후반부에는 이모 집으로 갔던 은정이 남매가 리정아와 함께 집으로 돌아오는 장면이 있다.

리정아가 자건거를 타고 가는 장면은 밝게 연출되었다. 리정아가 가는 길이 힘들고 쉽지 않은 길이지만 그 길은 '경애하는 장군님'께서 하시는 일을 조금이라도 덜어주는 일이기 때문이다. 리정아는 김정은 시대 모범청년의 대표적인 인물이다. 리정아가 가는 길은 바로 김정은 시대 청년이 가야할 길을 상징하기에 기쁜 마음으로 달려가고 있음을 상징하는 밝고 화사한 연출이 사용되었다.

리정아가 입고 있는 하얀색 옷은 경애하는 장군님을 향한 맑고 순수한 순백의 순결함을 상징한다.

# #

"뭐? 남? 야, 내가 남이냐? 엉? 남이야?"

문이 벌컥 열리며 나오는 이모.

뒤따라 나오는 은정.

> 《이모! 그만둬요. 그만두라는데!》

대문가로 다가가던 이모 돌아선다.

> 《그래두 오늘 은향이가 자연관찰 간다는데 포충망을
> 안 가져가면 어떡하니? 어디 가서 빌려라두 와야…》

은정　　《이모처럼 그렇게 내 동생들 어자어자하니까 제 물건
　　　　잊어먹어도 그만, 또 누가 갖다주겠지… 남만 쳐다보
　　　　구… 난 그게 싫어죽겠단 말이예요.》

동생들이 내다보는 집문을 꽝 닫는 은정.

다가가는 이모.

> 《뭐? 남? 야, 내가 남이냐? 엉? 남이야?》

머리를 돌리는 은정.

　은정이 남매가 아침부터 정신이 없었던 것은 포충망 때문이었다. 은향이가 자연관찰 시간에 사용할 포충망이 안 보였기 때문이다. 은향이가 은철이에게 "네가 포충망 잊어 먹었지? 잠자리 잡는다구 들구나가서…"라고 한다.

　은향이가 은철이 탓을 하는데, 이모는 어디가서 빌려라도 와야 하지 않겠느냐며 집을 비울 기세이다. 이때 리정아

가 새 포충망을 들고 들어온다. 리정아는 은정이 남매를 돌보는 엄마의 심부름으로 포충망을 가져온 것이다.

리정아의 출현에 은향, 은철이 반긴다. 하지만 은정은 쌀쌀맞다. 은정은 동생들이 정아에게 기대는 것도 싫고, 엄마 없는 아이들이라고 동정심으로 도와주려는 것도 달갑지 않다. 리정아를 대하는 은정의 쌀쌀한 태도는 앞으로 두 사람의 관계가 쉽지 않다는 것을 예고한다.

은정이 이모는 동생이 어린 4남매를 두고 세상을 떠난 다음부터 은정이 남매를 돌보고 있다. 이모의 집은 멀어서 쉽게 오고갈 수 없다.

은정이 남매에게 집으로 들어오라고도 하였지만 은정이는 이모네 집으로 들어가는 것을 반대하였다. 은정이는 이모가 고맙기도 하지만 동생들을 오냐오냐하는 이모가 못마땅하다. 부모가 없으면 제 스스로 바로 서야 하는데, 응석받이로 자라는 것 같았기 때문이다. 은정이가 집을 고집하는 이유는 또 있다.

#

"반장어머니, 우리 집 일은 별일없습니까…?"

이모	《내 동생두 원… 자식들 주런이 놓구 어떻게 눈을 감았을가…?》
정아	《그런데… 장차 그 수십 리 길을 어떻게 계속 왔다갔다 하시겠어요?》
이모	《그럼 어떡하나? 은정이 저 애가 암범 제 새끼 지키듯 동생들을 딱 끼구 내놓지 않는걸. … 우리 집에 가재두 싫대, 동생 하나 내놓으래두 싫대.…》
녀인의 소리	《아유, 마침 이모가 있었구만요.》
이모	《인민반장이구만요.》
인민반장	《편지가 왔어요. 나한텔… 군대에 나간 이 집의 맏이 은석이한테서… 이건 회답을 어떻게 보내야 할지…》
이모	《이걸 어쩌나…?》

편지를 들여다보는 정아.
여기에 울리는 은석의 소리.

   《반장어머니, 우리 집 일은 별일없습니까…?》

   은정이가 은정이 남매를 도와주려는 도움의 손길을 거부하는 이유는 군대 간 오빠 은석 때문이었다. 4남매의 맏이인 은석이는 '최전연최전선'을 지키는 군인이었다. 하지만 은석은 '우리 집'의 소식을 모르고 있었다.

   은정이 남매가 학교에 간 다음이었다. 반장아주머니가 허겁지겁 달려왔다. 반장아주머니 손에는 은석이가 보낸 편지가 들려 있었다. 은석이가 집으로 편지를 보냈었는데, 답장이 없어 무슨 일이 생겼는지 궁금해 반장아주머니에게 편지를 보낸 것이었다.

〈우리 집 이야기〉에서 가장 낯설고 이해가 되지 않는 부분이다. 군대 간 아들이 부모의 생사를 모른다는 것이 이해가 되지 않는다.

〈우리 집 이야기〉에서 은정은 이를 엄마의 유언 때문이라고 설명한다. "오빠에게 알리지 말라는 건 엄마가 남긴 마지막 부탁이예요."

최전선이라고 하지만 군대 간 아들이 부모의 생사를 모른다는 것은 낯선 설정이 분명하다. 영화에서 이렇게 설정한 것은 극적인 연출 때문이었다. 리정아가 은정이 4남매의 진정한 엄마로 인정받기 위해서는 은정이와 은석이의 엄마가 되어야 했다. 군대 간 맏이의 엄마가 되는 것은 바로 이 '편지' 때문이었다.

# #

"그걸 구실로 지각하지 마오."

자전거를 타고 달리는 정아, 귀전에 은석의 목소리가 울려온다.

《은향이, 은철이는 잘 자고 이악쟁이 은정이는 변함없이 1등생이겠지요? 최전연 병사가 잡생각이 많으면 안 된다고 우리 어머니는 늘 말씀하셨지만 난 집 생각을 할 때면 힘이 솟습니다. 집으로 편지를 보낼가 하다가 전에 보낸 편지에도 회답이 없어 반장어머니에게 이 편지를 씁니다. 혹시 이사라도 가지 않았나 해서 말입니다.》

기운차게 달리는 정아의 자전거가 사슬이 풀리며 발 디디개*가 헛돈다.

   은정이네 집을 다녀온 정아가 직장으로 출근하는 길이다. 자전거를 타고 가는 아침 출근길이 부산하다. 자전거를 타고 가는 리정아의 귀에는 은석의 편지가 목소리로 들려온다. 리정아가 은정이 남매의 엄마가 되기로 결심하는 대목이다.

   리정아의 머리 속은 은석에 대한 생각으로 가득 차 있다. 병사는 장군님의 말씀을 따라 최전연에 있는데, 집안 일이 걱정이 되어서 어떻게 군 복무에 충실할 수 있을까. 은정이

---

*   발 디디개 : 자전거 페달이다.

엄마가 죽음을 알리지 말라고 유언한 것도 최전방에 있는 병사의 마음이 안정되어야 복무에도 집중할 수 있기 때문인데, 집안이 걱정이 된 은석이가 어떻게 군 복무에 충실할 수 있을까.

이런 생각을 하고 있을 때, 정아의 자전거 체인이 풀리면서 헛바퀴가 돈다. 출근길에 고장 난 자전거. 당황스러운 순간이다. 이때 청년동맹 초급단체위원장 창국이 자전거를 타고 지나간다. 리정아는 반색을 하지만 창국은 "그걸 구실로 지각하지 마오."라며 야멸차게 한마디 하고 사라진다. 초급단체위원장에게는 몇 번의 지각으로 찍힌 모양이다.

정아는 체인이 풀린 자전거를 들고 간다. 혼자서 체인이 풀린 자전거를 들고 뛰어가는 리정아의 모습은 홀로 아이들을 책임지고 가는 리정아의 쉽지 않은 앞길을 예고한다.

# #

"〈지각처녀〉 자전거 또 빵크났나 해."

| 창국 | 《…그래서 과학자주택지구 건설장에 보낼 강재 5천 톤 증산전투를 이번에도 우리 초급단체가 앞장서 지원하자는 것입니다.》 |

뒤늦게 들어온 정아 살며시 자리에 가 앉는다.
책상 우에 경북들을 올려놓는 창국

| 승희 | 《초급단체위원장이 너 벼르고 있어. 〈지각처녀〉 자전거 또 빵크*났나 해.》 |
| 정아 | 《쉿!-》 |

　리정아가 지각한 곳은 초급단체 모임이 한창인 청년학교이다. 새로운 사업을 독려하는 초급단체위원장 창국의 목소리가 높다. 창국이 호소하는 사업은 "과학자주택지구 건설장에 보낼 강재 5천 톤 증산전투를 이번에도 우리 초급단체가 앞장서 지원하자는 것"이다.

　초급단체위원장이 지원을 호소하는 과학자주택지구 주택 건설 사업은 2014년에 완공된 위성과학자주택지구 건설 사업을 의미한다.

　김정은 체제의 대표적인 성과로 표현되는 건설 사업의

---

* 　빵크 : 구멍을 의미하는 영어 'puncture'의 일본식 발음이다.

하나로 추진된 위성과학자주택지구 건설 사업은 과학중시 사상을 반영한 과학자들을 위한 아파트 건설 사업으로 "조선로동당 제1비서이시며 조선민주주의 인민공화국 국방위원회 제1위원장이시며 조선인민군 최고사령관이신 경애하는 김정은 동지"의 "뜨거운 은덕이 낳은 사랑의 결정체"로 추진된 사업이었다.

북한에서는 "과학기술을 국가발전의 중대사로 내세우시고 과학기술의 위력으로 우리 조국을 하루빨리 온 세계가 우러러보는 천하제일강국으로 일떠세우시려는 경애하는 김정은동지의 드팀없는 결실과 의지"*로 웅장, 화려하게 건설되었다고 선전하는 곳이다.

〈우리 집 이야기〉에서 창국은 열성적인 청년을 상징한다. 하지만 초급단체위원장으로는 완전히 성숙한 인물은 아니었다.

청년학교에서 창국은 이처럼 중대한 사업에 청년들이 나서자고 호소하지만 리정아가 하는 일에는 관심이 없었다.

---

*   '경애하는 김정은 동지께서 새로 일떠선 위성과학자주택지구를 현지지도하시였다',「로동신문」, 2014.10.14.

지각을 밥 먹듯이 하는 리정아가 무슨 사연이 있는지를 돌아보지 않았다. 창국의 눈에 리정아는 지각을 일삼고 자전거 펑크로 핑계를 대는 '지각처녀'일 뿐이다.

창국의 생각이 바뀐 것은 구역 책임비서를 만난 다음이었다. 책임비서로부터 리정아의 이야기를 알게 되면서 리정아의 도우미로 변신한다.

#

"그럼 중등학원은 어떻니?"

직장장* 《얘 은정아, 어디 말 좀 해봐라. 우리 집에서 살재두 싫대, 이 용해공**식당 책임자 아주머니 집두 싫대. 그럼 중등학원***은 어떻니?》

고개를 외로 트는**** 은정.
답답한 듯 돌아서는 직장장.
그들을 바라보는 정아.

정아의 어머니 혜복 《은정아, 너의 아버지, 어머니랑 함께 일하던 우리 강철직장 사람들의 마음을 그렇게도 모르겠니?》

은정 《그건 알아요.》

혜복 《그럼, 초등학원*****과 중등학원은 왜 싫다는 거니? 나라에서 너희같은 아이들을 얼마나 잘 돌봐주는가 하는 건 너도 모르지 않지?》

은정 《그것도 알아요.》

직장장 《헌데 왜 그래?》

은정 《난 동생들과 함께 있고싶어요… 그리구 우리 집은요?》

은정을 바라보는 정아.

직장장 《우리 집?…》

---

* 직장장 : 공장 아래 조직인 직장 책임자
** 용해공 : 제철소에서 쇳물을 다스리는 기술자
*** 중등학원 : 중학생들을 돌보는 보육 시설
**** 외로 튼다 : 고개를 돌린다
***** 초등학원 : 소학교 학생들을 돌보는 보육 시설

은정이 울먹이며 말한다.

《우리 오빠 이 집 주소밖엔 아무것두 모르고 있어요.》

말 못하는 직장장.

눈물짓는 정아.

직장장   《그럼 엄마 소식을 오빠에게 그대로 알리는 게 어떻니?》
은정   《그건 안 돼요. 오빠에게 알리지 말라는 건 엄마가 남긴
               마지막 부탁이예요.》
혜복   《야, 은정아-》

은정이가 집을 고집하는 이유가 무엇인지, 그리고 은정
이를 대하는 사람들의 마음이 어떤 것인지를 보여주는 장면
이다.

은정이 부모와 같은 직장에 있었던 직장장, 용해공식당
의 아주머니이자 리정아의 엄마인 혜복은 은정이 남매를 자
신의 집으로 오라고 하였다. 은정이 거절하자 중등학원은 어
떻겠느냐고 권한다.

#

"이모한테 돼지소리를 하지 말걸 그랬습니다."

강의를 하는 담임교원 철민.

《이와 같이 세평방의 정리*, 다시말하여 피다고라스
정리는 귀납적으로 증명할수 있습니다. 피다고라스
정리를 돼지 300마리 법칙이라고 하는 말을 들어봤
습니까?》

웅성이는 학생들

철민   《세평방의 정리를 발견한 피다고라스는 너무 좋아서
돼지 300마리를 잡아 잔치를 차렸습니다.》

자기 생각에 잠겨 창밖을 내다보고있는 은정.

철민의 목소리 《물론 성립될 수 없지만 네평방의 정리를 발견했더라
면 400마리를 잡지 않았을가요?》

은정이 학습장에 돼지를 그린다. 은정을 툭 치는 남학생.

《예?》

얼결에 일어나는 은정. 일어난 은정을 보는 철민.
은정이 기여들어가는 목소리로 《잘못…했습니다.》한다.

철민   《잘못이라는 건?》
은정   《이모한테 돼지소리를 하지 말걸 그랬습니다.》

어이없어하는 철민.
교실 안에 폭소가 터진다.

———

*   세평방의 정리 : 피타고라스의 정리를 북한식으로 이르는 말이다.

은정이의 학교 생활을 보여주는 상징적인 장면이다. 앞에 서는 선생님이 세평방의 정리, 다시말하여 피타고라스 정리를 설명한다.

　　학생들에게 재미있게 알려주고자 돼지 300마리를 잡아서 잔치를 지냈다는 일화를 이야기해준다. 하지만 은정은 선생님의 말씀이 들리지 않았다. 은정은 아침에 이모에게 '돼지들이 기다리니 빨리 가라'고 했던 일이 머리에서 떠나지 않았다. 결국 선생님에게 엉뚱한 소리로 망신을 당한다.

#

"승희야, 나하구 밥 좀 바꾸자. 그리고 이 간식두 좀…"

《식사시간!》하고 누구가의 소리가 울린다.

풀밭에 소박한 점심밥곽*들이 펼쳐진다.

승희가 《에헴!》하며 비비고 앉는다.

처녀	《승희 왔구나.》
승희	《자!》

구럭**안의 것을 꺼내는 승희.

처녀	《어마! 도마도***!》
처녀들	《야!》
정아	《오늘이 무슨 날이게?》
승희	《우리 아버지 생일을 쇘거던.》
처녀	《고맙다야. 승희야, 우리가 잘 먹어주면 되지?》
승희	《오.》

이러한 동무들을 제지시키는 정아, 무작정 승희의 밥그릇에 손을 가져
간다.

	《가만! 승희야, 나하구 밥 좀 바꾸자. 그리고 이 간식두 좀…》
승희	《야, 이거 도대체 무슨 일이가?》

리정아와 직장 친구들이 한 자리에 모여서 점심을 먹는다. 이들이 점심을 먹는 곳은 부업밭이다. 부업밭은 직장에서 별도로 관리하는 밭이다.

북한에서 법적으로 밭을 소유할 수 있는 기관은 국가와 사회단체이다. 부업밭은 기업이나 사회단체에서 개간하였거나 국가로부터 토지를 받아서 경작하는 땅이다. 이곳에서 생산된 생산물은 기업이나 사회단체가 관리한다. 리정아와 친구들이 모여 있는 이곳은 초급단체에서 관리하는 부업밭이다.

친구들이 다정히 식사를 하는 사이로 리정아의 절친 승희가 구럭쇼핑용 가방을 들고 들어온다. 승희가 내민 구럭에는 도마도도 있었다. 아버지 생일상에 올라온 도마도를 별식으로 가지고 온 것이다.

아버지의 생일에 먹는 도마도는 나중에 은철이가 밥투정을 부리는 대목에서도 등장한다. 국수를 주는 은정이에게 '밥 먹고 싶어, 도마도도 먹고 싶어'라고 말한다. 도마도가 북한에서 어떤 의미인지를 엿볼 수 있는 대목이다.

#

"은철아, 잘한다! 힘내라!"

상대를 재치있게 따돌리는 은철.

응원석에서 포충망을 휘두르는 은향.

《은철아, 잘한다! 힘내라!》

볼을 몰고 공격하는 은철.

군중들의 응원 소리.

공을 힘껏 차는 은철.

그물에 걸리는 공.

《꼴!》

선수들이 은철이를 둘러싸며 부둥켜안는다.

껑충 뛰는 은철.

은향이도 기뻐하며 뛴다.

은철이 은향이쪽을 향해 주먹을 내흔든다.

소학교 운동장에서 축구 시합이 한창이다. 빨간색 유니폼을 입고 뛰는 은철이는 축구부 주장이다. 축구 시합을 하는 은철이를 멀리서 은향이가 열심히 응원한다. 누나 은향의 응원에 힘을 낸 은철이는 멋진 기술로 상대편 선수들을 제끼고 골을 넣는다.

은철이가 쓴 기술이 어떤 기술인지는 3부에서 확인할 수 있다.

"최우등생전렬에 다시 들어서라."

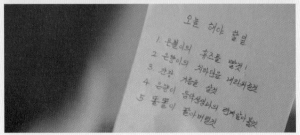

《실망했다, 실망했어! 1, 2등을 다투던 은정학생이 지금 현재 15등이야, 15등!》

머리를 떨구고있는 은정.

철민   《은정학생, 말 좀 해보오, 응?》

은정   《그 아래론 내려가지 않겠습니다.》

철민   《좋아. 그럼 학생의 자존심과 내 요구조건을 다 참작해서 우리 내기를 하자. 래일모레부터 학기말 시험 들어가는 거 알지? 최우등생전렬*에 다시 들어서라. 그렇게 안될 땐 은철이는 축구뽈**과 함께 우리 집으로 온다. 어떻니?》

입술을 깨무는 은정.

　　동생들을 돌보면서 공부하는 은정이는 학교 생활이 힘들다. 학교 생활을 제대로 할 수 없으니 공부인들 제대로 될 리가 없다. 1, 2등을 다투던 은정의 성적은 급기야 15등으로 떨어졌다.

　　은정이 담임선생 철민은 은정이의 재능이 안타깝기만

---

* 　　최우등생전렬 : 최상위권. 전렬은 대열을 의미. 북한에서는 전사용어를 일상에서도 자연스럽게 사용한다.

** 　　축구뽈 : 축구공. 북한에서는 구기 종목에 사용되는 공을 뽈(ball)이라고 부른다.

하였다. 그래서 학기말 시험을 앞두고 은정과 내기를 한다. 최우등생전렬에 다시 들어서지 않으면 막냇 동생 은철이를 자기 집으로 보내라는 것이었다.

　은정을 대하는 철민의 사랑이 애틋하다. 하지만 은정이는 철민의 사정을 잘 알고 있다. 영화의 후반에 가면 나오지만 철민에게는 노모가 있다. 은철과 헤어지기도 싫었지만 노모를 모셔야 하는 선생님에게 막냇 동생을 보낼 수 없었다.

# #

"역시 수학 귀신이구나."

칠판쪽으로 돌아서며 칠판을 두드리는 남학생이 방조*를 요청한다.

《요거 좀 방조받자마.》

그에는 관계없이 교실 뒷문으로 씽하니 나가버리는 은정.

《아, 이런…》

남학생이 실망하는데 교실 앞문이 열리며 들어서는 은정, 칠판 앞으로
다가온다.

거침없이 문제를 풀어 가는 은정.

놀랍게 바라보는 남학생.

《역시 수학 귀신이구나.》

    은정이의 수학 재능을 보여주는 대목이다. 칠판에 수학
문제를 적어놓고 풀지 못하던 남학생이 은정이에게 '방조'를
요청한다. 못 들은 척 뒷문으로 나간 은정은 앞문으로 들어
와 거침없이 수학 문제를 풀어 나간다.

    은정이는 1, 2등을 다투는 학생이다. 특히 수학에 재능을
갖고 있다. 그런 은정이 동생을 돌보느라 학업에 충실할 수
없어서 성적이 떨어진 것이었다. 이후 은정은 리정아의 도움
으로 공부에 전념할 수 있었고, 나중에는 수학올림픽에서 금

———

*   방조 : 도움

메달을 딴다.

은정이 수학 천재로 설정되 것은 김정은 체제에서 특히 강조하는 과학기술 중시 정책과 연관이 있다. 북한은 과학기술 분야의 발전을 강조하면서 미래의 과학자를 꿈꾸도록 장려한다.

오늘날 북한 청소년들이 가장 많이 꿈꾸는 미래의 직업 가운데 하나가 과학자이다. 과학을 중시하는 정책과 맞물려 과학자를 길러 내는 것은 아이들의 꿈을 키우는 것인 동시에 북한의 미래를 밝히는 일이다. 이런 이유로 은정은 미래의 꿈을 상징하는 수학 영재, 수학 귀신으로 설정하였다.

#

"봤지? 내 생활이 이래."

남학생	《잘 생각해 보라, 1등생이던 네가 자꾸 뒤지면 남들이 너를 더 동정하게 된다는 걸. 동정받기 싫다면 다시 앞서.》

이때 급히 들어오는 철민.

	《오, 은정학생 마침 있구만. 오늘 동생이 자연관찰 안 갔니?》
은정	《예? 포충망까지 메고 나갔는데…》
철민	《그래? 헌데 은향이 담임선생은 안 왔다구 알아봐 달라구 하던데…? 음, 다시 알아보자. 계속 공부해라.》

철민이 나간다.

은정이 나가려다가 남학생한테로 돌아선다.

《봤지? 내 생활이 이래.》

휭하니 나가는 은정.

은정이의 현실 생활을 보여주는 장면이다. 모두들 은정이의 실력을 인정하고, 하루빨리 다시 공부하기를 기대하지만 은정의 현실은 공부에 몰두할 수 없다. 아침에 자연관찰 나간다고 포충망 소동을 벌인 은향이가 자연관찰을 나가지 않았다.

담임선생도 은정이에게 "계속 공부하라"고 하지만 그럴 수는 없었다. 동생에게 무슨 일이 생겼는지를 알아야 했다.

# #

"우리 집에 왜 자꾸 뛰여드나요? 칭찬받고 싶어서요?"

은철   《은향이 누나 욕하지 말라요. 자연관찰 가는 거 내가
           졸랐어요… 엄마가 앉던 자리에 와서 응원해달라구.》

정아의 눈가에 눈물이 핑 어린다.

밥먹던 자리를 가리키는 은철.

           《바로 이 자리… 우리 엄마 여기서 이렇게 응원해주댔
           는데…》

목이 메여 묻는 정아.

           《이 자리 엄마가 앉던 자리니?》

머리를 끄덕이는 두 아이.

정아   《은철아!》

은철이 땀을 닦아주는 정아.

조용한 곳에서 정아와 마주선 은정.

           《그래요. 엄마가 거기서 응원해주군 했어요. 그런데…
           엄마가 그 자리에 있었다면 학교 뚜꺼먹은* 은향일 가
           만 안 놔둬요. 헌데 언닌 뭐예요? 왜 무작정 끌어안으면
           서 그래요? 그렇게 우리 동생들 불쌍해 보여요?》
정아   《은정아, 난…》
은정   《아니! 내 말 막지 말아요. 누구두 우리 엄말 대신할 수
           없어요. 서로마다 나서서 우릴 위해준다고 하면서 내

———
*   뚜꺼먹다 : 수업을 빼먹는 것. "학교를 뚜꺼먹었어요?"라고 하기도 한다.

	동생들을 오히려 바려놓지 않나요?》
정아	《은정아, 왜 그런 엄청난 소릴…?》
은정	《엄청나지요? 나 엄마 잃구 이렇게 됐어요. 언닌 부모가 다 있으니까 내 마음 몰라요.》
정아	《은정아…》
은정	《그럼 언니, 묻자요. 우리 집에 왜 자꾸 뛰여드나요? 칭찬받고 싶어서요?》

의외에 말에 굳어지는 정아.

돌아서 가는 은정.

점심을 먹던 정아가 승희의 도시락을 들고 달려간 곳은 은철이가 다니는 소학교였다. 은철이네 학교에서는 축구 시합이 열리고 있었다. 선수로 뛰고 있는 은철이를 운동장 스탠드 한 쪽에서 은향이가 포충망을 흔들면서 응원하고 있었다.

정아를 본 은향이와 은철이가 고개를 숙인다. 은향이는 오늘 자연관찰을 빼먹고 은철이를 응원하러 왔다. 학교 수업을 빼먹고 동생을 응원한다는 것이 결코 칭찬받을 일이 아니라는 것을 알고 있었다. 하지만 엄마를 그리워하는 동생의 마음을 외면할 수 없었다.

은철이가 누나 은향을 변호한다. 은철이가 오늘 시합이

말해, 왜 말 못해?

교 원: 왜 학교를 뚜꺼먹었어요?

학 생: 뚜꺼먹지 않았습니다.

교 원: 뚜꺼먹지 않았으면 뭘 했어요?

학 생: 뭘 한게 없습니다.

교 원: 뚜꺼먹지도 않았대, 뭘 한것도 없대, 그런데 왜 안 나왔
       는가 말이에요?

학 생: 사실…

교 원: 말해요, 왜 말 못해요?

┌─▷알아두기◁─┐

《말을 못하다》와 《말을 안하다》

《말을 못하다》는 《이러저러한 조건으로 하여》라는 뜻을 가지며
《말을 안하다》는 《의식적으로》라는 뜻을 가지고있다.
그러므로 벙어리(롱아)는 《말을 못한다》고 하여야 한다.

'뚜꺼먹다'의 활용 예 : 『우리 생활과 평양문화어』(평양출판사, 2014)

있다면서 엄마가 응원해주던 그 자리에서 응원해달라고 은
향이에게 부탁하였다고 말한다.

리정아는 엄마를 애타게 찾는 은철이와 은향이가 안쓰
럽다. 엄마의 마음으로 아이들을 보듬어 주고 싶었다. 축구
부 아이들과 함께 어울려 점심을 먹고 있을 때, 은향이가 자
연관찰을 빠졌다는 말을 듣고 찾아 온 은정이가 리정아를 불
러낸다.

리정아와 마주한 은정이는 한 마디 쏘아 붙인다. '엄마
가 그 자리에 있었다면 은향이가 학교 자연관찰을 뚜꺼먹고
빼먹고 동생을 응원하러 갔다는 것을 가만 두지 않았을 것'이
라며 불쌍히 여기면서 아이들을 올바로 가르쳐야 하지 않
겠느냐고 따진다. 그러면서 언니가 우리 집 일에 오는 것이
"칭찬받고 싶어서 그러는게 아니예요."라고 비난한다.

#

"이 강선 땅에 선녀가 아니라 효녀가 내리겠구나."

의자에 앉는 그들.

혜복   《네가 부탁했던 그 기대일지*다.》

받아보는 정아.

            《엄마, 여기 은정이 엄마 글씨 다 있구나. … 야!》

기쁨에 젖어 자리에서 일어서는 정아.

혜복   《헌데 이건 뭘 하자구?》
정아   《엄만 몰라두 돼.》

자전거를 끌고 가는 정아를 바라보는 혜복.

가던 정아 어머니에게 돌아선다.

            《아차! 내 정신 좀 봐.》

정아 가방에서 약통을 꺼낸다.

            《엄마, 이건 새로 나온 약인데 하루건너 한 번씩 잡수면
            된돼요.》
혜복   《원, 이 강선 땅에 선녀가 아니라 효녀가 내리겠구
            나.**》

밝게 웃는 정아.

———

*   기대일지 : 작업일지이다. 기대는 작업기계이고, 일지는 기계에서 매일
매일 작업 내용을 기록한 기록장이다.

**   이 강선 땅에 선녀가 아니라 효녀가 내리겠구나 : 영화의 배경이 된 강
선은 선녀가 내려왔던 곳이라는 전설이 있다. 리정아가 엄마를 챙겨주자 리정
아의 엄마가 딸을 선녀에 빗대어 효녀라고 한 것이다.

| 정아 | 《건너뛰면 안 돼.》 |
| 혜복 | 《알겠다니까!》 |

달려가는 정아.

은정이에게서 '칭찬받고 싶어서 우리 집에 오냐'는 뜻밖의 말을 들은 리정아. 정아는 은정이 남매의 마음을 사기 위해서 진짜 엄마가 되기로 결심한다.

리정아는 엄마 혜복에게 부탁해서 은정이 엄마의 기대일지를 손에 넣는다. 기대일지는 강철반에서 은정이 엄마가 일하던 기계에 대한 일지이다. 일종의 작업일지에 해당한다. 리정아가 은정이 엄마의 기대일지를 부탁한 것은 은정이 엄마의 글씨체를 배우기 위해서다.

리정아의 엄마 혜복은 당뇨병을 앓고 있었다. 그런 엄마에게 약을 챙겨주는 정아에게 혜복이 말한다. "이 강선 땅에 선녀가 아니라 효녀가 내리겠구나." 혜복이 선녀仙女를 이야기하는 것은 강선降仙이라는 지명과 관련된다. 강선降仙은 너무도 아름다운 곳이어서 선녀들이 내려와 노닐던 곳이라는 뜻이다. 그래서 옛날 선녀들이 내려와 노닐던 강선 땅에 이제는 정아같은 효녀가 내려오겠다고 농담을 한 것이다.

"음… 아침에 지각을 하는 대신에 밤엔 늦게 가누만."

은정이 어머니의 기대일지에서 글씨를 모방하여 련습을 하는 정아.
여기에 들어서는 창국.

《정아동무!》

와뜰 놀라* 벌떡 일어나는 정아.

《아직 안 갔소?》

《예?》

당황하여 책을 덮는 정아.

《뭘하오?》

《예…? 그저 좀…》

《음… 아침에 지각을 하는 대신에 밤엔 늦게 가누만.》

머뭇거리는 정아.

《수고하오.》

《예.》

문을 열고 나가는 창국.
안도의 숨을 내쉬는 정아.
다시 자리에 앉아 글씨 련습을 한다.

　　엄마 혜복에게서 은정이 엄마의 기대일지를 받은 리정
아는 청년학교에 남아 은정이 엄마의 글씨를 연습한다. 초급

———

* 　　와뜰 놀라 : 깜짝 놀라다.

단체위원장 창국은 밤늦게까지 남아 있는 리정아를 보았다. 하지만 리정아가 무슨 일로 남아 있는지에 대해서는 큰 관심이 없다. 대신 "아침에 지각을 하는 대신에 밤엔 늦게 가누만"하고는 방을 나선다.

이때까지만 해도 초급단체위원장인 창국은 리정아가 하는 일에 관심이 없고, 그녀가 지각하는 것에만 관심이 있다. 당의 초급단체를 맡고 있지만 리정아가 하는 일이 어떤 일이고, 어떤 의미를 갖고 있는지를 생각하지 못한다. 나중에 구역 책임비서를 만나면서 리정아가 하는 일이 얼마나 중요한지를 알게 되고, 그녀를 적극 도와준다.

#

"나 밥 먹구파. 그리구 도마도두 사달라."

국수를 건져내는 은정.

은철이 슬그머니 오이 하나를 집어먹는다.

식탁 우*에 생오이와 양념 단지들, 강냉이국수가 놓인다.

은정   《야, 밥 먹자. …야, 밥 먹잔데.》

밥상에 다가앉은 은철 국수를 정신없이 먹는다.

은정   《꼭꼭 씹어 먹어.》
은철   《국수만 주면서 꼭꼭 씹어 먹을 거 있나?》

은향이 밥상에 앉았으나 빈저가락질만 한다.

은철   《나 밥 먹구파. 그리구 도마도두 사달라.》

은정이 쌀쌀하게 말한다.

                   《이모가 준 돈 아껴 써야 돼.》

살며시 저가락**을 놓는 은향.

은정   《넌 왜 안 먹니?》

은향이 응석기 어린 목소리로 말한다.

                   《언니야, 내 치마단 언제 내려주나?》

---

*   우 : 위의 북한식 표기
**   저가락 : 젓가락이다. 북한 문화어에서는 '저가락'이 표준어다.

소녀가장 은정이가 학교에서 돌아와 집안일을 하고 있다. 열심히 한다고 하지만 은정이는 아직 15살의 어린 학생이다. 공부할 시간을 아껴서 동생들의 저녁을 챙겨준다. 하지만 동생들은 은정이가 차린 저녁상이 마음에 들지 않았다.

막냇 동생 은철이는 국수를 보더니 '밥도 먹고 싶고, 도마도도 사달라'고 조르고, 여동생 은향이는 '치마단 내려달라'고 조른다.

'저가락'
관광용으로 판매하는 북한산 저가락 기념품

"언니가 쩍하면 신경질 부리니까 난 학교에서 집으로 오기 싫어."

| 은정 | 《공부보다 더 힘든게 세간살이야. 그래서 난 공부를 절반 죽이구 너희들을 돌보고 있단 말이야. 죽을 기를 다 써두 엄마만은… 못하니까… 불편하구 힘들어두 참구 견뎌.》 |

은향의 손에 저가락을 쥐여주는 은정.

《남들한테 내색두 하지 말구, 남들 동정두 바라지 말구. 알아들었니?》

대답들이 없다.

| 은정 | 《왜 말이 없어? 의견 있니?》 |

머리를 끄덕이는 은향, 은철

《말해 봐, 은철이부터》

은철	《나 국수 먹기 싫어. 밥해줘. 그리구 똘똘이 팔지 말자.》
은정	《누난 개까지 돌볼 새 없어.》
은철	《내가 돌볼게.》

코방귀를 뀌는 은정.

《흥!… 밤낮 학교 지각이나 하지 말아. 은향이, 넌?》

| 은향 | 《우리 지금 힘든 걸 나두 알아. 그래두 좀 명랑하게 살자. 노래두 부르구… 언니가 쩍하면 신경질 부리니까 난 학교에서 집으로 오기 싫어.》 |

약이 바짝 오른 은정.

《말 다 했니? 너 그래서 자연관찰 뚜꺼먹구* 이 언니 애먹이니, 애먹여?》

눈치 보는 은철.

은향   《그건 잘못했어. 하지만 언니도 좀 게잘싸해**.》

동생들을 돌보는 은정이도 힘들다. 어렵게 힘든 것을 참으면서, 동생들을 달래 보지만 동생들은 은정이와 생각이 달랐다. 은철이는 '국수 먹기 싫다'면서, '밥을 해 달라'고 졸랐고, 은향이는 힘든 건 알지만 언니도 좀 다정다감하고 즐거웠으면 좋겠다고 말한다.

공부할 시간을 줄여서 집안일을 하는 자신을 도와주지는 못하고, 불평하는 동생들에게 화가 난 은정이가 쏘아붙이지만 동생들도 자기 의견을 말한다.

---

*   뚜꺼먹구 : 수업을 빼 먹는것
**   게잘싸해 : 일처리가 깔끔하지 못하다. 지저분하다. 흘리고 다닌다.

# #

"제강소 아저씨구나. 냄새가 나요, 쇠물냄새…"

여기로 대문을 열고 들어서는 책임비서*.

은향이 의문을 가지고 묻는다.

《아저씬 누구나요?》

《어디 너희들이 한번 알아맞춰 보렴.》

책임비서를 따라서며 냄새를 맡은 은철 말한다.

《제강소 아저씨구나. 냄새가 나요, 쇠물냄새…》

은향이도 맡아본다.

《우리 엄마한테서두 나던 냄새다.… 이것 보라요.》

꼬리짓는 강아지를 가리키는 은향.

《똘똘이두 짖지 않는 거… 》

책임비서 　　　《그래, 제강소 아저씨다. 우리 집구경 좀 한번 해볼가?》

　　동생과 싸우고 섭섭한 마음으로 집을 나서는 은정이 앞으로 어떤 아저씨가 찾아온다. 허름한 작업복을 입고 나타난 사람은 책임비서이다. 은정이 남매는 책임비서의 옷에서 쇳물냄새가 난다면서 반긴다. 책임비서는 제강소 아저씨라고 하면서 집구경을 청한다.

----

* 　　책임비서 : 구역의 당사업을 책임지고 있는 일꾼.

# #

"그럼 아저씬 목수나요?"

집 문 손잡이를 잡던 책임비서가 거들거리는 손잡이에 놀란다.

《어이구! 너희 집에 나사틀개는 있겠지?》

은철　　　　　《그럼 아저씬 목수나요?》

《그럼, 고장 난 걸 다 고쳐주지.》

《야, 좋구나》

성수가 난* 아이들.

은철　　　　　《아저씨, 나사틀개**!》

은향　　　　　《나사!》

정아를 보는 책임비서

《동무가 이 집에 다닌다는 급양관리소 처녀요?》

부엌으로 들어갔던 정아가 물고뿌***를 들고나온다.

《자요.》

책임비서　　　《성격이 심한 애들이 특별히 더하지. 아름답고… 오, 거기 좀 잡아라. … 멋있는 것만 보이고 싶어… 또 남들이 자기 생활을 들여다보는 걸 제일 싫어하구, 까닭없이 기분이 상하구… 됐다. 그런데 어머니까지 잃었지. 그러다보니 더 옹송그리구**** 주위 세계를 까다롭게 대하게 되구…》

————

*　　　　성수가 나다 : 신이 나다

**　　　나사틀개 : 드라이버

***　　물고뿌 : 물컵

****　옹송그리다 : 주저하게 된다.

은정이네 방으로 향하던 책임비서는 문 손잡이가 고장
난 것을 알고는 고장 난 손잡이부터 고쳐준다. 그런 책임비
서에게 정아가 은정이 이야기를 꺼낸다. 이 집에는 '남이 오
는 걸 싫어하는 애가 있어요. 아저씨는 잘못 오신 거예요.' 하
지만 책임비서는 이 모든 상황을 잘 알고 있었다. 은정이가
까칠한 이유까지도 훤히 꿰뚫고 있다.

〈우리 집 이야기〉에서 책임비서는 리정아의 일을 적극
적으로 후원하고, 풀어나가는 핵심 고리 역할을 한다. 은정
이네 상황을 알아보기 위해서 은정이네 집을 방문하여, 고장
난 문고리를 고쳐주고, 아이들과 윷놀이를 하면서 즐거운 시
간을 보낸다. 구역을 책임지는 책임비서로서 권위나 세도를
부리는 관리자의 모습이 아니라 동네에서 만날 수 있는 친근
한 아저씨의 모습이다.

또한 리정아가 속한 급양초급단체위원장 창국을 만나서
리정아가 하는 일이 얼마나 의미 있는 일인지를 알려준다.
개인적인 동정에서 나오는 것이 아니라 장군님 어깨의 짐을
덜어드리려는 숭고한 정신에서 나온 것임을 깨우쳐준 것이
다. 그리고 리정아를 도와서 전방에 나가 있는 맏이 은석이
를 만나 가족사를 알려준다.

2016년 제7차 당대회에서 김정은은 「조선로동당 제7차 대회에서 한 당중앙위원회 사업총화보고」를 통해 "형식주의의 낡은 틀을 대담하게 깨 버리고 당사업을 새롭게 혁신"해야 한다면서 "세도와 관료주의, 부정부패 행위와의 전쟁을 선포하고 투쟁"해 나갈 것을 요구했다.

　　〈우리 집 이야기〉에서 나타나는 책임비서의 행동은 모범적인 당 일꾼의 전형적인 모습을 보여준다.

# #

"엄마! 엄마두 이렇게 힘들었나?"

은정의 마음속 소리.

《엄마! 엄마두 이렇게 힘들었나? 그러면서두 늘 웃으며 살았나? 나 정말 힘들어. 오빠 생각두 하루에 열 번두 더 하는데… 편지 쓰고 싶은 생각은 간절한데 어떻게 하면 좋아?》

동생과 싸우고 나온 은정이는 놀이터 그네에 앉아서 울고 있다. 은정이가 힘들 때마다 생각나는 사람은 엄마였다. '엄마두 이렇게 힘들었나? 그러면서도 늘 웃으며 살았나?'라고 말하는 은정을 통해서 은정이 엄마가 어떤 인물이었는지를 보여준다. 제강소에서 일하면서 자식들을 뒷바라지 한 은정이 엄마. 엄마가 얼마나 힘든 줄도 모르고 웃는 모습만 보았던 은정. 그 속에서 엄마의 사랑이 더욱 강하게 부각된다.

# #

"누나 똥 싼 거 다시 들이밀 수 있니?"

방 안에서 윷놀이에 여념 없는 목소리가 울려 나온다.

《걸!》

《똘, 개, 걸.》*

《걸 해 가지구 누나 잡는거 보라!》

《보자.》

은향　　　　《한 번만 다시 하자요.》

은철　　　　《안 돼, 안 돼. 누나 똥 싼 거 다시 들이밀 수 있니?**》

어이없어하는 은정.

소리　　　　《후똘!***》

　　놀이터에서 집으로 돌아온 은정은 방 안에서 동생들과 리정아, 목수 아저씨가 윷놀이 하는 것을 보게 된다. 창 밖에서 동생들이 즐겁게 웃음꽃을 피우는 것을 보는 은정.

　　북한에서 윷놀이는 작은 윷으로 한다. 작은 그릇에 들어 갈 수 있는 종지윷이다. 윷판에 말을 쓰는 방법은 남북이 다르지 않지만 용어는 차이가 있다. '도', '개', '걸' 대신에 '똘', '개', '걸'이다. 뒤로 가는 '후똘'도 있다.

———

*　　　똘, 개, 걸 : 남한에서는 '도-개-걸', 북한에서는 '똘-개-걸'이라고 부른다.

**　　　똥 싼 거 다시 들이밀 수 있니? : 엎질러진 물 다시 담을 수 없다.

***　　　후똘 : 뒤로 가는 것

은향이가 한 번만 다시 하자는 말에 은철이가 말한다. '누나는 똥 싼 거 다시 들이밀 수 있나.' 물론 똥을 싸고 다시 들이밀 수 없다. 안 된다는 것을 유치찬란하게 말한 것이다. 은정이는 어이가 없다. 저런 걸 농담으로 말하다니, 어째 철이 없어도 저렇게 없을까.

"내 전화번호다. 필요할 때가 있을 게다."

	《너 이 집의 맏딸이로구나.》
정아	《은정아.》
은철	《누나, 제강소 목수 아저씨야.》
은향	《엄마네 직장에서 왔어.》
정아	《음.》
책임비서	《소개는 필요 없고… 내 전화번호다. 필요할 때가 있을 게다.》

수첩에 적은 종이를 찢어 내미는 책임비서.
얼결에 받아드는 은정.

　　은정이 남매의 집에서 고장 난 문고리도 고치고, 아이들과 즐거운 윷놀이도 하던 책임비서가 밤이 깊어지자 자리에서 일어섰다. 우선 수리가 필요한 손잡이와 전기코드는 수리해주었다. 마당에서 은정이를 본 책임비서는 수첩에 휴대폰 번호를 적어 은정이에게 주면서 언제든지 무슨 일이 생기면 연락하라고 말한다.

#

"야, 우리 엄마 살아있는 것 같다야."

《이거 보라, 이거. 똑같애.》

바라보는 은정.

은향   《정말! 요거! 끄트머리 착 까부라지는 거.》
은철   《야! 누난 우리 엄마하구 글씨까지 같구나. 야, 우리 엄
          마 살아있는 것 같다야.… 야, 좋구나!》

정아의 손을 잡고 기쁨에 겨워 있는 아이들.
여기에 설화가 울린다.

          《나는 우리 엄마 글씨와 비슷하다고 저리도 기뻐하는
          정아 언니가 리해가 되지 않았다. 글씨나 같다고 우리
          집 이야기가 달라질가? 하지만 그 글씨가 정말 우리 집
          이야기를 다르게 써 나가게 될 줄 아직은 알 수 없었다.》

정아와 아이들 모두가 손잡고 원을 지어 돈다. 엷은 미소가 비끼는 은정
의 얼굴.

　　은정이는 리정아가 잘 이해되지 않았다. 나이도 어린 자
기에게 모욕까지 당했던 정아 언니가 아무렇지도 않은 듯이
계속해서 집을 찾아오는 것이 잘 이해가 되지 않았다.

　　리정아는 은정이 오빠 은석에게 보낼 편지를 썼다면서
아이들에게 보여주었다. 밤늦게까지 은정이 엄마 글씨를 연
습한 다음에 글씨를 모방하여 쓴 편지였다. 은철이와 은향이
는 엄마 글씨와 꼭 같다면서 기뻐하였다.

# #

"나어린 처녀가 왜 이 길을 택했을가?"

《책임비서 동지, 급양초급단체위원장 김창국입니다. 전화받구 빨리 오느라 했는데 좀…》

《보기엔 제대 군인 같은데 몇살이요?》

《옛! 작년에 제대됐습니다. 28살입니다.》

《음… 내 오늘 동무와 이 길을 함께 걷자구 이렇게 불렀소. 자, 우리 걸으면서 얘기하기요.》

동뚝길을 걷는 두 사람.

책임비서 《한 처녀가 말이야, 중학교를 갓 졸업한것 같애. 남을 위해서 그것두 부모 없는 아이들을 위해서 하루에도 몇 차례씩 이 길을 오간단 말이요, 이 길을… 아직은 부모의 사랑을 받아야 할 그 나어린 처녀가 왜 이 길을 택했을가? 이 길을 걸으면서 무슨 생각을 했을가?… 허허… 나두 얼마 전에야 알게 됐어.》

생각이 깊어지는 창국.

나란히 걷는 두 사람.

《위원장! 내 당사업을 하면서 보니까 말이요, 이런 훌륭한 사람을 만났을 때 정말 기쁘더구만. 그 처녀가 많은 생각을 하며 오간 이 길을 우리 함께 걸어 보자구.》

〈우리 집 이야기〉의 주제가 드러나는 장면이다. 은정이네 집을 다녀온 책임비서가 리정아가 소속된 급양초급단체위원장 김창국을 만난다. 책임비서와 초급단체위원장이 만나는 장소는 동뚝길이다.

매일같이 리정아가 강선 땅 화석동에서 은정이 집까지 갔다가 다시 급양관리소로 출근하면서 오갔던 길이다. 동시에 강선 땅을 찾은 경애하는 수령님과 장군님이 걸었던 길이다.

책임비서는 동뚝길을 같이 걷자면서, 김창국에게 리정아의 이야기를 꺼낸다. 그리고 "아직은 부모의 사랑을 받아야 할 그 나어린 처녀가 왜 이 길을 택했을가? 이 길을 걸으면서 무슨 생각을 했을가?"를 생각해 보자면서 함께 동뚝길을 걸어간다. 책임비서로부터 리정아의 이야기를 듣게 된 급양초급단체위원장 김창국은 리정아를 적극적으로 도와야겠다고 결심한다.

영화 〈우리 집 이야기〉의 핵심이 되는 부분이다. 리정아가 매일같이 길을 오가면서 생각한 것은 단순한 동정이 아니었다. 인민을 우선으로 생각하면서 강선을 찾은 선대 수령들의 뜻과 애육원과 보육원을 통해 아이들을 돌보려는 원수님 어깨의 짐을 조금이라도 덜어 드리려고 다녔던 길이었다.

# #

"나보다 겨우 세 살 우인 웃기 잘하고 인정많은 이 언니."

여기에 설화가 울린다.

《참으로 이상한 일이 일어났다. 나는 큰마음이나 쓰듯
이 정아언니를 받아들였고 정아언닌 그런 나를 고맙게
받아들이는 이상한 일이였다. 나는 이렇게 우리 집에
뻗쳐오는 그 무수한 손길들 중에서 정아 언니의 손만을
잡기로 하였다. … 나보다 겨우 세 살 우인 웃기 잘하고
인정많은 이 언니는 부모의 사랑을 독차지하고 자란 외
동딸이다. 나는 그 언니가 너무도 행복한 나머지 넘치
는 그 행복을 남들에게 나누어주고 싶어 하는지도 모른
다고 생각한다.》

여기에 흐르는 화면들.
자전거를 타고 동뚝길을 달리는 정아.
빨래하는 정아.
자전거를 타고 동뚝길을 달리는 정아.
은정의 집에서 밥곽*을 싸는 정아.
경대에서 가족사진을 떼여내는 정아.
깊은 잠에 든 은철이와 은향.
살며시 눈을 뜨고 바라보는 은정.
벽에 사진액틀**을 거는 정아.
바라보던 은정이 이불로 얼굴을 가리운다.
밝은 얼굴로 사진을 보는 정아.

---

*   밥곽 : 밥곽은 도시락이다. 밥을 받는 곽이라는 의미이다.
**   사진액틀 : 사진액자이다. 사진 액틀은 사진을 담는 틀이라는 의미이다.

동뚝길에서 자전거를 타고 오는 정아.
동뚝길에서 자전거를 타고 가는 정아.

　리정아의 정성은 은정이의 마음을 울렸다. 은정은 정아에게 도움을 청하였다. 학기말 시험이 끝나는 9월 9일 명절 전까지 도움을 받기로 하였다. 이번 시험을 잘 못보면 동생을 담임선생님 집에 보낼 수도 있다. 리정아는 자신에게 도움을 청하는 은정이를 따뜻하게 감싼다.

　은정이 남매를 돌보게 된 정아는 하루같이 동뚝길을 오가면서 남매를 보살펴 주었다. 은정이도 리정아를 믿고 의지하면서 공부를 한다.

# #

"그 어린 마음에 무척 인상깊었던 모양이다."

부엌일을 다 끝낸 정아가 방으로 올라온다.

아이들의 잠자리를 보아준 정아 웃방에서 잠든 은정이를 바라본다.

책상에 엎드려 곤한 잠에 든 은정.

정아, 은정의 손에 쥐여져 있는 책을 뽑아 들어 첫 장을 펼친다.

책에 씌여진 글이 정아의 목소리로 읽히운다.

> 《1996년 6월 3일 9시 30분 우리 집에 첫 애기가 태여
> 났다. 3키로* 팔백이나 되는 사내애가 내가 세상에 왔
> 노라고 기운차게 울어댔다.…》

글줄을 읽어 내려가는 정아.

> 《유치원에서 돌아온 은정이가 빨간 별을 탄 그림숙제
> 장을 내놓았다.》

펼쳐지는 화면.

아이들을 안고 돌아가는 부모.

지붕 우에 공화국기를 띄우고 좋아라 손을 흔드는 아이들.

> 《…어느 명절날 아침 온 가족이 떨쳐나와 람홍색기발**
> 을 띄우던 일이 그 어린 마음에 무척 인상깊었던 모양
> 이다. 식구들은 은정의 크레용화를 〈우리 집 이야기〉
> 책에 붙이기로 결정하고 뽀뽀를 해 주었다.…》

책에 붙인 그림에 뽀뽀를 해주는 은정의 어머니.

책에 붙은 크레용화.

정아의 눈에 뜨거운 눈물이 고인다.

---

*   북한에서는 '삼키로'라고 하지 않고 아라비아 숫자를 밝혀서 적는다

**   람홍색기발 : 람홍색기발은 북한의 국기 명칭이다. 붉은색과 푸른색(남
색)에 오각별이 있어서, '홍람오각별기', '남홍색기발'이라고 한다.

은정이네 집에서 부엌일을 끝내고 아이들의 잠자리를 돌본 리정아는 은정이 손에 있던 책을 꺼내 든다. 은정이 엄마가 쓴 〈우리 집 이야기〉였다. 리정아는 첫 페이지부터 읽어간다.

은정이 엄마가 쓴 〈우리 집 이야기〉를 읽어가던 정아는 한 대목에서 눈을 멈춘다. 〈우리 집 이야기〉에는 유치원에 다니는 은정이가 빨간 별을 탄 그림이 붙어 있었다. 람홍색 깃발 아래 가족이 모여있는 크레용화다. 그리고 크레용화에 대한 설명이 붙어 있었다. "어느 명절날 아침 온 가족이 떨쳐나와 람홍색기발을 띄우던 일이 그 어린 마음에 무척 인상깊었던 모양이다."라는 대목이다.

영화 후반부에는 깃발을 보면서 설레했다는 은정이의 일을 기억한 리정아가 공화국창건일인 9월 9일 명절날 아침에 남홍색깃발을 올리던 모습이 재연된다.

# #

"순결하고 아름다운 한 송이 꽃도 있소."

신중해지는 책임비서.

《그럼 내 의견을 말하겠습니다. 난 그 처녀가 나이는
어리지만 가슴속엔 아주 소중한 꿈이 있다고 생각되오.
이자 방금 학교문을 나선 그에게 깃들기 시작한 그 소
중한 꿈이란 무엇이겠소? 온 나라 애육원, 육아원들을
찾고 찾으시며 부모 없는 아이들의 마음에 그늘이 질세
라 늘 마음을 쓰시는 우리 원수님 어깨에 실려 있는 짐
을 조금이라도 덜어드리고 싶은 그 마음이 아니겠소.
그 어린 동무가 말이오. 난 인간으로서두 그 소중한 꿈
을 지켜주고 싶소!》

굳어지는 창국.
자리에서 일어서는 책임비서.

《동무들, 우리 당이 수십년 력사에서 이룩한 제일 큰
업적들 중의 하나가 뭣이라고 생각하오? 이 땅에 청년
강국의 시대를 열어놓은 것이오. 바로 이 속에 우리 강
선 땅의 리정아와 같은 순결하고 아름다운 한 송이 꽃
도 있소.》

큰 충격을 받은 창국.

책임비서는 리정아 문제를 공식 회의자리에서 논의하기
로 결정하였다. 책임비서는 먼저 급양관리소 청년동맹 초급
단체위원장 김창국을 불러서 이야기 하게 한다. 김창국은 큰

문제가 아니라고 생각했다. 개인적으로 의논을 드린 것인데, 일이 이렇게 커질 줄 몰랐다.

초급단체위원장 김창국은 강철직장 순직자 자녀들을 도맡아서 돌봐주고 있는 리정아의 나이가 18살 밖에 되지 않은 어린 처녀라는 것이 납득이 되지 않는다고 생각했다.

하지만 책임비서의 생각은 달랐다. 청년을 중시하는 청년강국의 시대에 리정아는 청년의 모범이요, 순결하고 아름다운 한 송이 꽃과 같은 인물이라고 생각했다.

#

"3등에 학용품? 3등을 해야 하겠구나."

지배인의 목소리 《다음은 료리경기를 진행하겠습니다. 1등에 우리나라의 유명한 봄향기 화장품!⋯ 2등에 치마저고리 천한 벌감!⋯ 3등에 학용품입니다. 경기 규정에 따라 조리사들로 준비해주십시오.》

함성을 올리는 군중.

주방장 《야 정아야, 메기탕집 승희만 제끼면 1등은 문제없어. 걱정하지 말구 나가. 일어나라.》

경기에 나올 준비를 하는 승희.
정아를 미는 사람들.
자리에서 일어나는 정아의 속대사.

《3등에 학용품? 3등을 해야 하겠구나.》

철민 《한 가지 새 소식을 알려주겠습니다. 학교 교무과 결정으로 이번 학기 시험에서 제일 우수한 학생들을 학급별로 두 명씩 전국수학올림픽경연 참가 자격을 주기로 했습니다. 참가자격을 획득한 다음에는 개인적, 집단적 력량을 총동원해 한 달간의 예선을 치르게 됩니다.》

체육관에서 '사회급양관리소 체육경기'가 한창이다. 줄다리기가 끝나고 이번에는 요리경연대회이다. 상품도 푸짐하다. 1등에 봄향기 화장품, 2등에 치마저고리 천 한 벌감, 3등은 학용품이었다.

정아의 라이벌은 정아의 절친인 메기탕집 승희였다. 하지만 정아는 1등보다는 3등에 더 관심이 있었다. 정아는 3등에 학용품이라는 말을 듣고는 귀가 쫑긋해졌다. 3등을 해서 은정이 남매에게 줄 학용품을 타고 싶었다.

요리경연대회가 한창 벌어지고 있는 같은 시간에 은정이가 다니는 학교에서도 새로운 소식이 전해졌다. 학교에서는 학기말 성적을 기준으로 학급별로 두 명씩 전국수학올림픽경연 참가 자격을 주기로 결정하였다.

#

"야, 3등을 해야 되는데…"

료리감에 소금을 듬뿍 쏟아 넣는 정아.

짜진 음식 맛을 보던 지배인의 얼굴이 찡그려진다.

책임비서   《음…》

머리를 숙이고 있는 정아.

그러나 아무런 내색도 없는 책임비서.

                《이 동무 만두가 제일 맛있구만, 응?》

놀라는 지배인.

책임비서   《1등이야, 1등!》

돌아보며 놀라는 정아.

정아   《예? 야, 3등을 해야 되는데…》

요리경연대회에서 은정이 남매에게 학용품을 선물하기로 결심한 리정아는 3등을 하기 위해 요리 재료에 소금을 듬뿍 쏟아 넣는다. 하지만 목수 아저씨로 알고 있던 책임비서가 나타면서 정아의 계획은 빗나갔다. 요리경연대회의 심사위원이 된 책임비서는 소금이 잔뜩 들어간 정아의 만두를 먹으면서도 아무렇지 않게 '이 동무 만두가 제일 맛있다'고 하면서 1등 판정을 내렸다. 정아는 난감했다. 3등을 해야 하는데, 1등을 했기 때문이다.

# #

"이 우산을 꼭 좀 갖다줘. 부탁해."

정아	《달린다!》
승희	《좋구나!》

자전거를 탄 두 처녀의 웃음소리.

승희의 손에 들린 화장품.

승희	《야 정아야, 너 나하구 화장품 바꾼 거 정말 후회 안 하지?》
정아	《안 해!》
승희	《그런데 네가 무슨 생각에 화장품과 학용품을 바꿨을가?》

자전거 바구니에 실린 화장품구럭*.

정아아버지	《정아야! 이번엔 심상치 않구나, 네 어머니 병 상태가, 어쨌든 예감이 좋지 않아.》

빗속을 달리는 화물자동차.

《정아야! 아, 비오는데 뭘 하구 있어?》

가다 서는 승희.

정아	《승희야, 내 부탁 좀 들어줘. 강철초급중학교 2학년 4반에 가면 김은향이란 애가 있어. 이 우산을 꼭 좀 갖다줘. 부탁해.》

자전거를 끌고 달려가는 정아.

———

* 화장품구럭 : 화장품을 담은 쇼핑백이다. 구럭은 쇼핑백이다. 손잡이가 있는 것과 없는 것을 구분한다.

| 승희 | 《야, 정아야.》 |
| 정아 | 《승희야, 부탁해.》 |

북한에서 상품으로 판매하는 무늬구럭지와
주머니 광고

요리경연대회가 끝나고 상품을 탄 승희와 리정아는 신이 났다. 승희는 3등을 했지만 웬일로 절친 정아가 화장품과 바꾸자고 했기 때문이다. 처녀라면 누구나 욕심내는 화장품 대신 학용품을 가지겠다고 한 정아가 이상했지만 어쨌든 화장품을 갖게 되었다. 리정아도 계획대로 은정이 남매에게 줄 학용품을 갖게 되었으니 신나기는 매한가지였다.

즐겁던 두 처녀가 갑자기 부산스러워졌다. 소나기가 내렸다. 그때 리정아는 아버지의 전화를 받는다. 화물차를 몰고 가는 아버지가 '엄마의 건강이 걱정'이라면서 잘 챙기라고 전화한 것이었다.

리정아는 아침에 우산을 챙기지 않고 학교에 간 은향이가 걱정이었다. 은향이는 비만 맞으면 알레르기가 생겼다. 리정아는 엄마도 챙겨야 하고, 은향이도 챙겨야 했다. 리정아는 친구 승희에게 은향이의 학교와 반을 알려 주면서, 우산을 가져다줄 것을 부탁하고는 엄마에게 달려간다.

"정아 언니가 어떻게? 우리 은향인?"

교실 안.
비 내리는 밖을 초조히 내려다보던 은향, 창가에서 물러난다.

학교 마당.
승희와 어기는 은향.
가방을 머리에 이고 계단을 내려오는 은향.
계단을 오르는 승희.

동무와 헤여지던 은정이 어머니와 함께 우산을 쓰고 걸어가는 정아를
보고 놀란다.
정아의 웃는 모습.
은정의 내면독백.

《정아 언니?… 정아 언니가 어떻게? 우리 은향인…?》

　　리정아의 부탁을 받은 승희는 우산을 갖고 은향이가 있
는 학교로 달려갔다. 은향이는 학교에서 비가 그치기를 기다
리고 있었다.
　　누군가 우산을 갖다줄 것을 기대하고 있던 은향이는 누
구도 오지 않을 것이라고 생각하고는 가방을 우산삼아 학교
를 나섰다. 은향이와 승희가 계단에서 어긋나는 장면은 앞으
로 벌어질 일을 예고한다.
　　한편 친구와 함께 우산을 쓰고 가던 은정이는 길 건너편

에서 엄마와 다정하게 우산을 쓰고 가는 리정아를 본다. 은정이는 리정아에게 은향이 우산을 챙겨달라고 했던 아침을 떠올리면서, 은향이가 비를 맞지 않았을까 하는 불안감에 사로 잡힌다.

#

"어머니가 다시 살아올 것 같니?"

그들에게 다가서는 정아.

그의 치마에서 비물이 떨어진다.

기침을 하며 일어나려는 은향.

은정	《가만 있어!》
정아	《정말 미안해. 내가 그만 어머니 때문에 뛰여다니다니… 내 얼른 생강탕*을 끓여줄게.》
은정	《은향이, 너 엄마 말 뭘루 아니? 너한테 알레르기가 있어서 비 맞으면 안 된다고 몇 번이나 말하댔니? 비 올 때마다 우산을 갖다주던 어머니가 다시 살아올 것 같니? 이젠 네가 알아서 해야 될 게 아니야!》

엄마의 약을 챙겨주고 은정이네 집으로 달려온 리정아는 은향이가 몸져누워 있는 것을 본다. 급하게 뛰어다니느라 리정아의 옷은 비에 흠뻑 젖었다.

정아가 은향이에게 '미안하다'고 말을 하지만 은정이는 냉랭했다. 은정이는 아무리 정아 언니가 엄마처럼 하려고 해도 엄마가 될 수 없다고 생각했다.

막내 은철이는 리정아가 들고 있는 물건이 궁금했다. 물어 보았더니 학용품이었다. 은철이는 은정이에게 '정아 누나

---

* 　　생강탕 : 생강차

가 학용품을 가져왔다'고 말하지만 은정이는 손바닥으로 학용품을 내친다.

방 안으로 쏟아지는 학용품을 보면서 리정아는 울음을 참지 못한다. 부엌으로 달려가 눈물을 훔치는 리정아. 이 장면은 리정아와 은정이 남매의 갈등이 심해지기 시작하는 순간이자 현실을 보여주는 장면이다.

여기까지 리정아는 엄마 아빠 없는 은정이 남매에게 밥을 해주고, 빨래를 해주는 엄마의 역할이었다. 그렇게 열심히 은정이 남매에게 다가갔지만 밥과 빨래를 해주는 것만으로는 진정한 엄마, 아이들에게 꿈을 가르치고, 아이들을 바른 길을 깨우치는 엄마가 되지 못한다는 것을 보여준다.

# #

"별짓을 다해두 우리 엄만 아니지 않니."

은정이 동생들을 앞에 세워놓고 다그어댄다.*

> 《너희들 언제야 철이 들래? 정아 언닌 우리한테 남이
> 야. 철딱서니들. 언니 수학올림픽에 참가하고 싶지만…
> 참가하고 싶어 죽겠지만 포기하려구 해. 우리 정아 언
> 닐 곱게 보내자. 울지두 말구, 붙잡지두 말구. 알았니?》

고개를 끄덕이는 은향이와 은철.

이들에게 다가오는 정아.

정아 《너 이렇게 한심한 애였니? 똑똑치두 못하구, 착하지
두 못하구, 옹졸하구, 리기적이구.》

눈치 보는 은향이와 은철.

정아 《너희들 집에 가. 어서!》

은정 《언니 말이 맞아. 난 한심한 아이야. 나밖에 몰라. 그
러니 가란 말이야. 언니가 아무리 애써두 안되지 않니.
별짓을 다해두 우리 엄만 아니지 않니.… 언닌 18살이
지?… 나하구 별루 차이두 없는 언닐 내가 왜 믿었을
가?… 왜 엄마 자리에서 세워봤을가?》

부엌에서 울먹이던 리정아가 다시 정신을 차리고 아이
들을 위해서 밥을 차렸다. 아이들에게 밥을 먹자고 하려는
데, 아이들이 보이지 않는다. 어디갔을까?

---

* 다그어대다 : 재촉하다. 다그친다.

은정이는 놀이터에서 동생들을 모아놓고 마음을 다잡고 있었다. 정아 언니가 아무리 잘해줘도 결국은 '남'이라고 말한다. 그리고 수학올림픽에 나가고 싶지만 포기하고 너희들을 돌볼 것이니까 이제 정아 언니를 보내자고 말한다.

은향이와 은철이를 집으로 보낸 리정아는 은정이에게 '못났다'고 꾸짖는다. 그러나 은정이 마음은 확고하다. '언니는 언니의 꿈을 위해서 가라'고 말한다. 언니도 '희망이 있고, 꿈이 있을 거니까, 엄마 옆에서 마음껏 꿈을 펼치라'고 말한다.

#

"실컷 때린다 해두 안되는건 안되잖나요!"

울먹이는 은정.

《언닌 꿈두 없구 희망두 없나요? 그래서 가라는데, 부
모 곁에 가서 하고픈 일 실컷 하라는데 왜 그래요?》
《뭐?》

억이 막혀 말 못하는 정아.
격해지는 감정을 누르지 못하고 손을 쳐들었지만 차마 때리지 못하고
앞에 있는 그네 줄을 치는 정아.
흔들리는 그네.
그에게로 다가서는 은정.

《때려요. 왜 못 때려요?… 하지만 실컷 때린다 해두 안
되는건 안되잖나요!》

야멸찬 은정이의 말에 화가 난 리정아가 은정이를 때리
려고 하였다. 이 부분은 〈우리 집 이야기〉에서 갈등이 가장
고조된 순간이다.

은정이 말에 화가 난 리정아가 손을 들어 은정을 때리려
다 차마 때리지 못하고, 그네 줄을 내친다. 대본에서 이 부분
은 원래 은정이의 뺨을 때리는 것으로 되어 있었다.

대본에 그려져 있는 대로 역 인물의 연기를 하려고 손을 들었지만 왜서인지* 저는 은정이의 뺨을 칠수 없었습니다.

그때의 정아로서는 은정이를 때릴 자격이 없었기 때문이였습니다.

아마 이 세상에서 가장 아픈 매를 들 수 있는 자격을 가진 사람은 어머니일 것입니다.

그 누구보다도 사랑하면서 자식에게 매를 들지 않으면 안되게 되는 어머니의 아픔.

장면에서 정아는 그때까지는 은정이의 어머니를 대신하기 위해 애쓰는 인물이지 영화의 마지막에서처럼 은정이 형제가 어머니라고 부르게 되는 처녀로까지 되지 못한 인물이였습니다.**

극중 리정아 역할을 맡은 배우 백설미의 제안으로 현장에서 대본이 수정되었다는 것이다.

───

*   왜서(인지) : '왜 그래서'가 줄어든 북한 말.
**   백설미, 「(배우수첩) 배우의 첫걸음」, 『조선예술』 2017년 2호(문학예술출판사, 2017), 61쪽.

은정이의 **뺨**을 때릴 수 있는 것은 어머니뿐인데, 이때까지 리정아는 아직 아이들에게 어머니라는 소리를 들을 수 있는 상황이 아니었기 때문이다. 극의 후반에 리정아는 은정이 남매를 도와주는 어머니에서 아이들의 마음에 꿈을 심어주는 어머니로 성장한다.

# #

"승희야, 내가… 어리석었어, 정말 못하겠어."

허무감에 휩싸인 정아 공원 의자에 가 앉는다.

여기로 지나치던 승희, 정아를 알아보고 다가온다.

> 《정아야, 왜 여기 있니? 엉? 야, 무슨 일이 있었니? 이
> 밤중에?》
> 《승희야, 내가⋯ 어리석었어, 정말 못하겠어.》

승희　　　　《도대체 무슨 일이야? 응?》

정아 눈물을 걷잡지 못한다.

　은정이의 말에 실망한 리정아는 주저앉는다. 아무리 다가
가려고 해도 다가갈 수 없다는 것을 알았다. 그렇게 아이들의
엄마가 되려고 하였지만 리정아는 은정이 엄마의 빈 자리를
채울 수 없다는 것을 알았다.

　주저앉아 울고 있는 리정아. 이때 놀이터를 지나던 승희
가 정아를 알아보고 다가온다. 승희를 알아본 리정아는 승희
에게 마음을 털어 놓는다. "승희야, 내가⋯ 어리석었어, 정말
못하겠어."

#

"단순한 정으론 그 아이들을 못 품어."

창국	《동무에게 우리 초급단체가 어떻게 생각되나, 어떻게 생각돼?… 물론 그런 훌륭한 일을 하면서 제 자랑같애 말 안 할 수도 있어. 리해해. 하지만 그 일이 좋은 것만 있는 일이야? 남들이 알 수 없는 어려운 일두 있잖아. 그럴 때조차 전혀 알리지 않은 이게 안타깝단 마리야. 동문 손 안 내밀고 혼자 해야 그 일이 장한 것처럼 생각 되는지 모르겠지만 동무 모르게 동물 위해서 밤길을 걷는 사람두 있다는 걸 왜 생각 못 해. 이게 어디 동무만의 일이야? 엉?… 밥이나 해주구 빨래나 해주는 그런 단순한 정으론 그 아이들을 못 품어.… 이자까지 한 말을 한 번 잘 생각해 보라.》

주저앉으며 얼굴을 싸쥐는 정아의 귓가에 창국의 목소리가 울려온다.

> 《밥이나 해주구 빨래나 해주는 그런 단순한 정으론 그 아이들을 못 품어.》

은정이 남매를 돌보는 것을 포기한 리정아에게 초급단체위원장 창국이 따끔하게 충고를 한다.

아이들을 돌보는 일이 자랑하는 것 같아서 말 못 할 수도 있지만 그것은 어리석은 일이다. 그리고 아이들에게 밥이나 해주고, 빨래나 해주는 단순한 정으로는 아이들을 품지 못한다고 충고한다.

#

"그 고운 마음이 고집스러운 한 아이 때문에 모욕당했어."

승희	《이자 누구냐고 물었지? 난 말이야, 어떻게 말할가?…이 강선 땅에 평범한 한 처녀가 있어. 너하구 나이 차이는 크게 없어. 그런데… 그런데 그 처녀는 말이야… 부모 없이 사는 아이들을 위해서 처녀의 고운 꿈 스스로 버리고 그 아이들에게 한발 두발 다가가더구나. 딱친구인 나한테도 말 안 하고 말이야.… 이 화장품, 응? 그가 료리경연에서 1등상으로 탄 건데 글쎄 그 아이들을 기쁘게 해주겠다구 학용품과 바꾸질 않았겠니.》

놀라는 은정.

승희	《그런데… 그런데 그 고운 마음이 고집스러운 한 아이 때문에 모욕당했어. 난 너무도 분해 도대체 그 아이가 어떻게 생겼을가 보구 싶어 지더구나. 그래서 내가 왔어. 그리구 꼭 말해주구 싶은 거 하나 더 있는데 이 우산 네거 맞지? 어머니가 앓는다는 전화를 받고 바쁜 속에서도 너희 동생 비 안 맞게 해달라구 나에게 절절히 부탁한 우산이야. 사실은 내가 큰 실수를 했지만… 너도 이제 처녀가 되면 알겠는지 모르겠는데 이 화장품 네 손으로 그에게 가져다주면 좋겠어. 자, 받아.》

승희 멀어져 간다.
받은 충격으로 하여 움직일 줄 모르는 은정.

리정아의 절친 승희가 은정이의 학교를 찾아갔다. 은정이를 만난 승희는 리정아가 료리경연에서 1등을 하고도 학용품을 주고 싶어서 3등한 자신과 상품을 바꾸었으며, 은향이에게 우산을 갖다주라고 부탁했었던 이야기를 한다. 또 자기 실수로 은향이에게 우산을 전해주지 못했다는 사실도 알려준다.

그리고 그렇게 순수했던 한 처녀의 마음이 모욕을 당했다면서, 은정이에게 리정아가 학용품과 바꾸었던 1등 선물인 화장품을 건네며, 리정아에게 직접 전해 주었으면 좋겠다고 말한다.

승희의 말을 들은 은정은 리정아를 오해했다는 것을 알고 어쩔 줄 몰라 한다.

# #

"네가 무슨 잠수함이라고 그 좋은 일을 혼자서 하니?"

무심결에 자리에서 일어나던 정아 놀란다.

《어마! 내 생일!》

그의 손에서 호미가 떨어진다.

지켜보는 청년들.

주위를 돌아보는 정아.

창국   《엎드렷!》

청년들 몸을 숨긴다.

새 자전거를 보며 웃음 짓는 정아.

다시 둘러보는 정아.

자전거의 신호종을 울리는 정아, 자전거를 타고 언덕을 내린다.

청년   《탔다!》

정아를 에워싸는 청년들.

승희   《생일선물이 마음에 드니?》

고마움에 겨워 고개를 끄덕이는 정아.

승희   《네가 무슨 잠수함이라고 그 좋은 일을 혼자서 하니?
                   얘, 네 출퇴근길이 달라진 게 이상해서 내가 뒤를 밟았
                   어, 은정이네 집까지.》

청년   《이 자전건 우리 위원장 동지 착상이야.》

　　벌판에서 급양단체 청년들이 김을 매고 있다. 초급단체
위원장이 '휴식!'을 명한다. 청년들이 쉬려고 하다가 돌아보

앉더니 리정아 혼자서 저 멀리 뒤쪽에서 아직 자기 고랑의 김을 매지 못하고 있었다.

승희가 맞받아서 김을 매려고 하는데, 초급단체위원장이 단호하게 말린다. 그리고는 모두들 몸을 숨긴다.

혼자서 김을 매던 리정아는 아무도 없는 것을 보고 어리둥절해 한다. 잠시 후 풀밭에 자전거가 있는 것을 보고는 호기심에 다가간다. '생일을 축하합니다'라고 쓰인 새 자전거는 리정아를 위한 선물이었다.

은정이 남매 일로 마음 고생을 하는 리정아를 도와주기로 한 초급단체위원장과 위원들이 리정아의 생일선물로 새 자전거를 선물한 것이다.

자전거를 타고 나타난 리정아에게 청년들이 환호하면서 들꽃을 선물한다. 승희가 정아에게 말한다. "네가 무슨 잠수함이라고 그 좋은 일을 혼자서 하니?"

#

"학기말 시험을 고의적으로 포기했습니다."

교장	《어디까지 따라다닐 작정이예요?… 은정인 학기말 수학 시험을 망쳤습니다.》
정아	《교장선생님, 은정인 수학 시험을 우정 망쳤습니다*, 동생들 때문에… 다시 한번 기회를 주십시오. 예?》
교장	《은정이와는 뭐가 되는가요?》

그들의 뒤를 몰래 따라서며 귀를 강구는** 은정.

정아	《교장선생님.》
교장	《동무! 이런 일은 아무나 끼여들어서 되는 일이 아니예요.》

그래도 물러설념을 안 하는*** 정아.
이때 교실문을 나서던 철민 정아를 알아본다.

철민	《정아동무! 아직두 이러구 있오?… 여기서 잠간 기다려 주오.》

숨어서 이들을 지켜보는 은정.

한편 은정이네 학교에서는 한바탕 소동이 일어났다. 은정이가 기말고사를 고의적으로 망쳤기 때문이다. 정아는 학교를 찾아가 교장선생님에게 은정이 사정을 말하면서 다시

---

*　　우정 망쳤습니다 : 일부러 망치다
**　　귀를 강구는 : 귀를 기울이다
***　　물러설념을 안 하는 : 물러설 생각을 안 하는, 물러설 의지가 없는

한번 기회를 달라고 요청한다.

은정이 담임 철민도 나서서 은정이의 상황을 교장선생님에게 적극적으로 말한다. 결국 교장선생님도 은정이의 상황을 이해하게 된다.

# #

"자기 마음두 반듯하게 가다듬는다구 생각해 봐."

《은향아, 이젠 이 넥타이 언니가 다려주겠다구 해두 꼭
네가 다리는 버릇을 붙여라. 알겠니?》

은향의 넥타이를 다려주고 있는 정아.

은향   《좋아요.》
          《넥타이 주름살을 펴면서 자기 마음두 반듯하게 가다
          듬는다구 생각해 봐.… 너두 잊지 않았지? 아버지 원수
          님께서 소년단대회에서 하신 그 말씀!》

서로 약속한 듯 손뼉치며 노래하는 정아와 아이들.
은정을 끌어당기는 정아.
은정의 주위를 돌며 노래하는 정아와 아이들.

은향   《우리 언니 이겨라!》
은철   《우리 누나 이겨라!》

은정의 얼떠름한 표정.

모두   《수학경연 1등 해! 수학경연 1등 해! 야!》

정아, 은정에게 다가오며 말한다.

          《죽어라구 공부해. 공부하다 죽은 사람 없어.》

다시 은정이 남매가 있는 집으로 돌아온 리정아가 은향
이의 소년단 넥타이를 다려주면서 말한다.

"넥타이 주름살을 펴면서 자기 마음두 반듯하게 가다듬
는다구 생각해 봐.… 너두 잊지 않았지? 아버지 원수님께서

소년단대회에서 하신 그 말씀!"

리정아가 은향이에게 하는 말은 이전의 말과 다른 말이다. 리정아는 다시 은정이 남매에게 돌아왔지만 이전의 리정아가 아니었다. 밥하고, 빨래하고, 청소하면서 아이들을 도와주는, 단순히 엄마를 대신하는 리정아가 아니었다.

은향의 넥타이를 다리면서, 소년단 넥타이의 의미를 되새겨주는 장면은 다시 돌아온 리정아가 진정한 엄마로서 거듭나는 장면이다. 아이들에게 진정한 꿈을 키워주는 엄마의 모습이다. 아이들에게 사회주의 국가의 가치와 의미를 알려주는 주체형의 도덕적 인간으로 자라기를 바라는 엄마로 돌아온 것이다.

정아는 교장선생님의 배려로 수학경연에 다시 나가게 된 은정이를 위해서 마당에서 잔치를 벌인다. 음식을 모아놓고, 은정이의 수학경연을 격려해준다.

은향이가 일어서서 사회를 본다. 사회를 보는 은향이의 치마는 붉은색과 흰색, 푸른색의 띠가 있다. 북한의 국기를 상징하는 것이다.

# #

"동네에서 제일 먼저 기발을 띄우자."

기발대를 수리하고있는 정아.

은철   《정아 누나, 거기서 뭘하나요?!》

은향   《언니?》

정아   《다들 깼니? 그러지 않아두 깨우려던 참이었어. 기발
                대를 수리했어.… 오늘은 9월 9일. 우리 공화국창건 기
                념일인데 동네에서 제일 먼저 기발을 띄우자.》

은향, 은철   《야! 좋구나!》

은철   《내가 먼저 기발 가져올래.》

은향   《아니야. 내가 먼저 가져올래.》

은정이 정아를 바라본다.

설화   《그 기발이 부모 없는 우리 집에 제일 먼저 떴다. 참 이
                상하였다. 기발은 그 기발인데 오늘은 웬일인지 눈물이
                난다. 왜 그럴까?》

손을 흔드는 아이들.
눈굽을 훔치는 은정.
정아와 아이들, 환희에 젖어 손을 흔든다.

설화   《우리는 모여 앉아 편지를 써 보냈다. 모두가 건강하고
                공부 잘한다고.》

　　은정의 수학올림픽경연 참가를 축하하는 소박한 잔치가
끝난 다음날 아침이다. 북한에서 9월 9일은 공화국창건일로
사회주의 7대 명절의 하나이다.

북한의 2019년 9월 달력. 9월 9일은 공화국창건일로 휴일이다.

아침 햇살에 눈을 뜬 은정이가 돌아보니 리정아가 보이지 않았다. 무슨 일이 있을까. 눈을 뜬 은정이가 동생들을 깨워서 마당으로 나갔다. 리정아가 깃대를 수리하고 있었다. 리정아는 은정이 남매에게 국기를 가져오게 하고는 깃대에 국기를 단다.

〈우리 집 이야기〉는 이 부분 이후부터 본격적으로 정치성을 드러낸다. 영화를 제작한 의도와 김정은 체제에서 강조하고 있는 '우리 국가제일주의'를 노골적으로 드러내는 것이다.

# #

"우리 집 우리 집 제일 좋아."

훈련의 쉴참에 노래를 부르는 은석. 박수를 치는 병사들.
은석의 앞으로 다가가는 중대장.

《동무들! 은석 동무한테 고향에서 편지가 왔소!》

주제가가 울린다.

집 안에서 아이들의 등교 준비를 해주는 정아.
거울 앞에 모여 웃는 정아와 아이들.
교실에서 공부하는 은정.
부엌에서 아이들 밥곽을 싸주는 정아.
소년회관에서 노래 부르는 은향.

주제가가 나오는 동안 여러 장면이 빠르게 진행한다. 북한에서는 영화에 필수적으로 최소 2곡 이상의 음악이 들어간다. 이 부분은 주제가 부분으로 영화의 주제를 핵심적으로 보여준다.

국기 아래에서 전방에 있는 은석이가 노래를 하고, 가수가 꿈인 은향이가 소년회관에서 노래를 한다. 은정이네 남매도 리정아를 따르면서 웃음으로 가득 차 있다. 국기 아래서 모두 하나가 되었다. 군인으로서 임무를 다하고, 가수로서 꿈을 키워간다. 은석이와 은정이가 하는 노래는 '우리 집, 우리 집 제일좋아' 주제가로 수렴된다.

# #

"책임비서 김성학 전화받습니다."

방바닥에 도화공작학습장들을 벌려놓은 채 공부를 하는 두 아이.

혜복   《그럼 오늘은 내가 수표*해주지.》

혜복   《아이구야, 이리 가져…》

반쯤 몸을 일으키던 혜복이 한옆으로 쓰러진다.
놀라며 책을 떨구는 은향.

          《큰어머니!》

다급히 약함을 뒤지는 은정.

          《해열제! 진통정!》

쓰러져있는 혜복이 앞에서 울음을 터치는** 아이들.

은정   《무슨 약이 필요하나요?》

지령실에 들어서며 전화를 받는 책임비서.

          《예, 책임비서 김성학 전화받습니다.》
은정   《책임비서?》

너무도 놀라 굳어지는 은정.

---

* 　　수표 : 싸인
** 　　터치는 : '터뜨리다'의 북한 말

은정이 남매가 방에서 숙제를 하고 있고, 일이 생긴 리정아를 대신해서 리정아의 엄마 혜복이 아이들을 돌보고 있다. 은철이와 은향이의 숙제를 확인하려던 혜복이 쓰러진다.

당황한 아이들은 어쩔 줄 몰라 하다가 목수 아저씨가 적어준 번호로 전화를 한다.

은정은 수화기 너머로 들려오는 뜻밖의 목소리에 놀란다. "예, 책임비서 김성학 전화받습니다." 목수 아저씨가 책임비서였었나…

#

"우리 갔다가 여기 다시 오긴 오나?"

의사, 간호원들, 인민반 사람들의 방조속에 담가*에 실려나가는 혜복.

은정　　　　《난 몰랐어, 목수 아저씨가 책임비서 아저씨인 줄…》

정아　　　　《그래, 나도 몰랐지… 얼마나 좋은 사람들이 우리곁에 있니?》

다정히 이야기를 나누는 정아와 은정.

혜복의 팔목에 시계를 그려주고 약먹는 시간까지 적는 정아.

　　　　　　《약 잡숫는 시간은 열 시! 지워지면 또 그려줄게.》

혜복　　　　《그래라. 녀석두.》

생각에 잠기는 은정.

짐을 꾸리는 은정.

밖에 있던 은철이 창문을 연다.

　　　　　　《누나!》

은정　　　　《응?》

　　　　　　《우리 갔다가 여기 다시 오긴 오나?》

은정　　　　《너 자꾸 물어? 됐어. 누나 말대로 해!》

창문을 꽝 닫아버리는 은정.

───

*　　　담가 : 환자나 다친 사람을 옮기는 들것. 북한 예술영화 중에 〈담가소대장〉이라는 영화가 있다. 부상병을 치료하는 간호병들의 이야기를 소재로 한다.

쓰러졌던 혜복은 긴급출동한 구급대에 실려 병원으로 갔다. 다행히 생명에는 큰 지장이 없었다. 약을 챙겨 먹어야 하는데 시간을 지키지 못해서 일시적으로 온 쇼크였다.

병원 안에서 리정아는 엄마 혜복의 약 먹는 시간을 챙겨 준다면서 팔뚝에다 시계를 그리고는 '약 먹는 시간'이라고 써 놓는다.

혜복과 리정아를 한쪽 구석에서 은정이가 물끄러미 바라보고 있다. 다정한 모녀의 모습이 마냥 부럽기만 하다. 은정이는 엄마 앞에서는 마냥 어린 리정아를 보면서 생각한다. 나이도 자기하고 몇살 차이 나지 않는 정아 언니도 아직은 부모의 사랑을 한창 받아야 할 때라고 생각했다.

일요일이 되자 은정이는 동생들과 버스를 타고 어디론가 향한다.

예술영화 〈담가소대장〉의 타이틀

# #

"다 한 인민반에서 사는 우리 모두의 잘못이지."

| 반장 | 《다 내 잘못이예요. 아이들끼리 사는 것을 알면서두 그 애들이 나갈 때까지…》 |

반장을 바라보는 정아. 인민반원들의 소리.

	《그게 왜 반장 잘못이겠어요. 다 한 인민반*에서 사는 우리 모두의 잘못이지》
	《옳아요.》
반장	《그 애들이 가면 어딜 가겠나요. 차라리 아이들이 없을 때 우리 집을 번듯하게 꾸려 놓구 그 애들을 맞이하자요.》
	《그럽시다.》

인민반 모두가 달라붙어 울바자**수리도 하고 회칠***도 하고 구멍탄****도 찍는다.

| 반장 | 《자, 불이 번쩍 나게 해제끼자요.》 |

비닐레자*****를 들고 들어오는 세대주******반장.

------

*　　인민반 : 북한의 최소 행정 단위로 우리의 통, 반과 비슷하다. 인민반의 책임자는 인민반장이다.
**　　울바자 : 울타리.
***　　회칠 : 벽에 회를 칠하는 것. 벽에 석회를 바르면 집이 깔끔하고 깨끗해 보인다. 북한에서는 집을 단장하거나 수리할 때 마무리로 석회를 바른다.
****　　구멍탄 : 연탄이다. 연탄은 가운데 구멍의 있어서 구멍탄, 구공탄이라고 한다. 남한의 구공탄은 가장자리에 9개의 구멍이 둘러져 있으며 19개, 22개 구멍을 표준 규격으로 사용한다. 북한의 연탄은 가운데 한 개, 외부에 8개가 있다.
*****　비닐레자 : 비닐원료로 만든 장판.
******　세대주 : 남편.

북한에서 주로 사용하는 구멍탄(상단)
북한 만화영화 〈남이가 키운 감나무〉의 한 장면. 지붕 위에 태양전지판과 태양열에너지관이 있다.(중)
〈우리 집 이야기〉 후반부에 리정아가 새로운 집으로 입주할 때에도 태양전지판이 등장한다.(하단)

《자, 반장동무. 새 레자두 왔습니다.》

벽에서 사진액틀을 벗겨 드는 정아.

정아의 소리　《은정아, 이 좋은 이웃들을 버리고 넌 지금 어디에 가
　　　　　　　있니?》

　리정아가 은정이 남매를 찾은 일요일이었다.

　은정이집 마당에 동네 사람들이 모여 있었다. 은정이 남
매를 도와주려고 모인 것이다. 동네 사람들은 은정이네 아이
들이 없는 사이에 집을 번듯하게 고쳐주기로 하였다.

　반원들이 팔을 걷고 나섰다.

　방 안의 벽지도 새로 발라주고, 마당 울타리도 새로 수선
하고, 벽에 회칠도 새로 하였다. 아이들을 위해서 구멍탄도
찍고, 지붕에는 태양전지판도 달아주었다.

　태양전지판은 요즘 북한에서 가구마다 갖추어야 할 필
수품 가운데 하나이다. 평양을 비롯한 대도시는 물론이고 도
시, 농촌을 가릴 것 없이 집집마다 하나 이상 갖추고 있다.

#

"애꾸러기들 나 또 달나라에라도 갔나 했지?"

여기로 지친 걸음으로 들어서는 정아.

정아   《저, 계십니까?》

방 안 불이 켜진다.

정아   《여기가 은정이 이모네 집이…》
              《맞아요.》

문을 열고 나오는 이모.

              《뉘신지?》

잠을 자던 은정이 밖의 소리에 깨여나 창문가로 다가간다.

정아   《이모, 저예요. 정아예요.》

이모가 정아를 알아본다.

              《아니, 이 밤중에… 아이구, 이런. 내 이럴 줄 알았다
              니까.》
              《은정이네가. 여기 와 있지요?》
              《있구말구.》
              《그럼 됐어요… 됐어요…》

정아 품에 안기는 아이들.

              《은철아!… 은향아!… 너희들이 얼마나 보고 싶었는지
              아니?… 에이, 애꾸러기*들 나 또 달나라에라도 갔나
              했지?》

———

*   애꾸러기 : 말썽꾸러기

아이들을 찾아 이모 집으로 온 리정아. 아이들이 늦게까지 집에 들어오지 않자 이모집으로 갔을 것이라고 생각하고 이모집을 찾은 것이다.

아이들이 잠들어 있는 깊은 밤에 한걸음에 달려온 리정아는 불철주야로 아이들을 걱정하는 어머니의 마음, 인민을 걱정하는 당의 마음, 아버지 장군님을 상징한다.

#

"너희들의 그 꿈을 우리 아버지 원수님께서 지켜주고 계셔."

의자에 일어서서 빨랫감을 거두는 정아.

《하지만 생각해 보렴. 네가 여기에 오면 수학올림픽은 어떡하니? 널 기다리는 선생님들은 어떡하고… 그리구 은향이 음악공부, 은철이 축구는 또 어떻게 되구…》

말없이 앉아 있는 은정.

《은정아, 우리 원수님께서 부모 없는 아이들 때문에 얼마나 마음 쓰시는 지 저두 알지? 머나먼 전선길을 걸으시던 그처럼 바쁘신 속에서도 아버지 원수님께서는 새로 지은 애육원에서 원아들의 꿈이 커 가는 소리가 너무 대견하시여 인사드리려는 교양원들을 만류하시며 오래동안… 오래동안 마당가를 걸으셨대… 얼마나 좋은가고, 우리가 얼마나 보람있는 일을 하고 있는가고, 저 글소리, 웃음소리에 우리의 밝은 미래가 있다고 하시면서 환하게 웃으셨다질 않겠니. 그러시면서 이 애들 속에서 과학자도 나오구 체육인도 나오구 영웅도 나와야 한다고 말씀하셨대.… 은정아, 바로 너희들의 그 꿈을 우리 아버지 원수님께서 지켜주고 계셔.… 그런데 넌 나를 위한다구 그 꿈을 포기하구 여기에 와있으면 어떡하니, 응?》

자책하는 은정.

정아   《은정아, 내가 싫을 수도 있겠지. 하지만 난 이 말을 해주자고 왔댔어.… 그리구… 꿈을 포기하지 말아.》

은정이 이모 집으로 찾아 온 리정아는 아이들이 있다는 말을 듣고는 안심한다. 아이들이 어디에 있든 상관없다. 모두가 아이들을 돌보기 때문이다. 아이들이 어디에 있든 그곳은 '사회주의 우리 집'이다.

리정아는 은정이에게 조용히 말한다. '너를 지켜주는 많은 사람들이 있다. 도움이 싫다고 뿌리친다면 너의 꿈을 키워주기 위해 밤낮으로 애쓰는 '아버지 원수님'의 실망은 얼마나 크겠니'라고 말한다. '내가 싫어도 좋아, 하지만 아버지 원수님을 실망시키는 꿈을 포기하는 일은 하지 말아'라는 말을 하고는 일어선다.

리정아의 말을 들은 은정이는 비로소 자신이 무엇을 잘못했는지를 깨닫는다. 내가 공부를 하고 안 하는 개인의 문제가 아니었다. 은정은 자신의 행동이 내 꿈을 키워주려는 많은 사람들을 실망시키는 것이라는 것을 깨닫는다.

은정이는 엄마를 그리는 마음으로 정아에게 달려가 품에 안긴다. 은정이 남매를 동정심으로 도와주던 리정아는 이제는 정신을 성장시켜주는 엄마가 되었다. 아이들을 쫓아가는 리정아가 아니라 아이들이 엄마라고 부르고 따르는 어머니가 된 것이다.

# #

"이 길을 무심히 걷지 말자."

기쁨에 눈물짓는 정아와 은정.

정아 　　　　《은정아, 많은 사람들이 너희 때문에 잠 못 들구 있었
　　　　　　구나.… 너희가 왜 부모 없는 아이들이겠니?》

정아 　　　　《운정사 동지, 차를 좀 세워주십시오.》

멈춰 서는 승용차.

정아 　　　　《얘들아, 내리자.》

차에서 내리는 아이들.

운전사 　　　《정아 동무, 책임비서 동지가 아이들을 꼭 태워가지고
　　　　　　오라고 했는데…》

정아 　　　　《고맙습니다. 우린 걸어서 가고 싶습니다.》

은철 　　　　《누나, 우리 왜 차 안 타구 가나요?》

아이들을 바라보는 정아.

　　　　　　《얘들아, 이 길은 나라가 제일 어려울 때 어버이 수령
　　　　　　님께서 우리 강선을 찾으셨던 길이구 눈 내리던 12월
　　　　　　의 그날 위대한 장군님께서 오셨던 길이야.… 우리 오
　　　　　　늘두 래일두 이 길을 무심히 걷지 말자.… 얘들아, 알
　　　　　　겠지?》

　　집으로 돌아가기로 생각한 은정이 앞에 자동차가 멈춘
다. 책임비서의 자동차였다. 하루빨리 은정이 남매가 집으로
돌아올 수 있도록 기사를 보낸 것이다.

기쁜 마음으로 집으로 돌아오는 길이였다. 동뚝길에서 리정아가 자동차를 멈춘다. 차에서 내린 리정아는 아이들과 손을 잡고 동뚝길을 걷는다.

리정아는 은정이 남매에게 동뚝길이 어떤 길인지 알려준다. 이 길은 나라가 제일 어려웠을 때 어버이 수령님과 위대한 장군님이 강선을 찾아와 걸었던 길이라는 것을 알려준다.

# #

"성적도표를 붙이는 책임비서 흐뭇해한다."

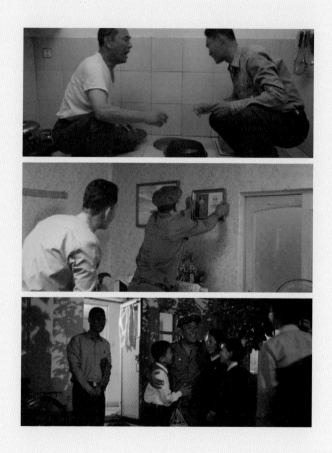

은정의 집 부엌에서 밥가마*를 들다가 덴겁하는** 책임비서
탄 밥을 보고 실망하는 책임비서와 운전사.
군복을 입은 은석이 사진을 벽에 걸어 놓는 책임비서.
성적도표를 붙이는 책임비서 흐뭇해한다.
마당에서 아이들을 반겨 맞는 책임비서.
길가에서 즐겁게 웃으며 걸어가는 정아와 아이들.
정아의 머리태***를 땋아주는 은정.

　　리정아와 은정이 남매가 집으로 돌아오는 그 시간에 은
정이 집 부엌에서는 책임비서가 밥을 하고 있었다. 밥이 타
는 냄새에 놀라 밥솥을 잡다가 화들짝 손을 뗀다. 밥은 새까
맣게 탔다.

　　인민반원들이 새롭게 꾸민 집 안을 돌아보면서 마무리
하던 책임비서가 아이들을 반갑게 맞아준다. 새로운 마음으
로 집에 돌아온 아이들의 일상이 새롭다.

---

*　　밥가마 : 밥솥.

**　　덴겁하는 : 깜짝 놀라다. 식겁하다

***　　머리태 : 머리채. 길게 늘어뜨린 머리털

#

"<우리 집 이야기>를 다 알고 있었습니다."

정아   《책임비서 동지, 안녕하십니까? 저, 리정아입니다.》

               《아, 정아동무》

               《은정이 오빠가 이제 우리 도시를 통과하게 됩니다. 강
               선역에서 어머니와 동생들을 만나겠다고 합니다.…》

은석에게 다가가는 은정.

               《오빠!》

               《은정아.》

               《엄만 못 나왔어. 휴양 가셨어.》

눈물이 글썽한 은석.

은정   《혁신자들만 가는… 우리 엄마 늘 혁신자로 꼽히던
               걸 오빠 알지?》

목이 메여 말하는 은석

               《알아. 휴양가신 것두 알구 혁신자라는 것도 알구. 그
               래서 못 나오신 것두 다 알구…》

정아를 뜨겁게 보는 은석과 중대장, 병사들.

정아   《저… 용서해요. 우린 편지에 거짓말을 했어요. 어머
               닌… 어머닌…》

입을 싸쥐는 정아.

다가서는 중대장

               《정아 동무라지요? 알고 있었습니다. 〈우리 집 이야기〉
               를 다 알고 있었습니다.》

놀라는 정아.

《예?!》

중대장　　　《책임비서 동지가 은석 동무를 만나러 우리 중대에
　　　　　　오셨댔습니다.》

　　은정이 남매를 돌보면서 생활하던 리정아는 어느 날 한
통의 전화를 받는다. 최전선에서 군 복무를 하고 있는 맏이
은석이가 강선을 지나 평양으로 간다는 연락이었다. 강선에
들러서 어머니와 동생을 꼭 만나고 싶다고 연락을 한 것이
다. 난감해진 리정아는 책임비서에게 도움을 청한다.

　　강선역에 도착한 은석은 동생들과 만난다. 은정은 엄마
가 혁신자로 뽑혀서 요양갔다고 거짓말을 한다. 은정의 말을
들은 은석은 '엄마 못 나온 이유를 잘 알고 있다'고 답한다.
책임비서는 차마 나서지 못하고 있던 리정아를 부른다. 리정
아는 은석에게 '거짓말을 했다'면서 사실을 말하는데, 은석
부대의 중대장이 나서서 '이미 모든 것을 다 알고 있다'고 말
한다.

　　책임비서가 은석의 부대로 찾아가 집에서 일어난 일을
알려주었던 것이다. 중대장과 부대원들은 정아에게 인사를
올리며 들꽃을 바친다.

# #

"수학올림픽에서 1등한 소식을 실은 속보판이 안겨 온다."

학교 마당에 은정이가 수학올림픽에서 1등한 소식을 실은 속보판*이 안겨 온다.
축하의 꽃보라**를 받으며 학교 층계를 오르는 은정.

새 집에 들어서는 정아와 아이들.
방 안으로 뛰여 들어가는 아이들.

북한 영화의 마지막은 항상 해피엔딩이다. 영화의 행복한 결말은 영화의 법칙이 아니라 역사적 합법칙성에 충실해야 하는 북한 문학예술의 공통된 사항이다. 행복한 미래, 행복한 결말은 곧 사회주의의 낙관적 전망을 상징하기 때문이다.

어머니의 죽음도 모르고 집으로 편지를 보냈고, 답장을 받지 못해 걱정하던 맏이 은석은 처녀 어머니 리정아와 책임비서를 통해 동생들이 무탈하게 학교 생활을 하고 있다는 것을 확인한다.

강선에서 동생을 만난 은석은 평양으로 올라가 무대에

---

*   속보판 : 주요 사항을 빨리 알리는 데 쓰는 게시판.
**   꽃보라 : 경사스러운 일을 축하할 때 높은 곳에서 뿌리는 여러 색의 작은 종잇조각.

서 행복의 노래를 부른다. 이악쟁이 수학 귀신 은정은 수학 올림픽에서 명예의 1등을 거머쥔다. 그리고 리정아와 함께 살 새로운 집이 꾸려진다.

그 사이에 리정아네 가족도 늘어났다. 일곱 명의 아이들이다. 이 일곱 명의 아이들은 영화의 모델 장정화가 실제로 함께 살고 있는 아이들의 수다.

# #

"이 강선 땅에 또 하나의 새로운 전설을 낳았습니다."

《정아야!》

정아를 안아 일으키는 혜복.

　　　　《정말 우리 원수님께서 너의 이 손을 잡아주셨니?》

정아의 손을 꼭 잡는 혜복.

눈물을 흘리며 머리를 끄덕이는 정아.

혜복	《정말 너를 만나시여 어머니라고… '처녀 어머니' 라고 불러주셨니?》
정아	《예… 제가… 제가 무슨 어머니예요. 저 같은걸 안아 주고 싶다고…》
혜복	《정아야.》
정아	《엄마.》

뜨거움에 젖은 눈기로 정아를 바라보는 책임비서.

혜복	《책임비서 동지, 세상에 이런 일도 있습니까? 스무 살 난 처녀가 우리 시대의 어머니로… 로동당의 딸로 떠받들리우는 이런 세상, 이런 품을 말입니다.》
책임비서	《우리 원수님의 위대한 인정의 세계가 이 강선 땅에 또 하나의 새로운 전설을 낳았습니다.》

박수를 치는 책임비서와 일군들, 승희, 인민반장, 청년들.

　　리정아의 이야기는 전국으로 알려지고, '청년미풍선구자'로 사례 발표까지 하게 된다. 영화의 클라이맥스이다. 북한 영화에서는 기승전의 마지막에는 어떤 형태로든 항상 최고지도자가 등장한다. 영화를 통해 이어진 감정의 선이 최고조에 달하는 순간이자 리정아가 겪었던 모든 고생이 한순간에 녹아내리는 순간이다.

열심히 당을 따르고 원수님이 메고 가는 짐을 조금이라도 덜어드리려고 노력하는 인민을 당에서는 버리지 않는다는 메시지를 보여준다. 이것은 사실이어야 한다. 영화에서는 사실성을 높이기 위해 영화촬영이 아닌 실제 기록 영상 자료를 활용한다.

남한과 북한의 영화는 사회적 지위와 기능, 역할에서 차이가 있다. 가장 큰 차이의 하나는 사실성의 재현이다. 남한에서 영화는 극적인 요소를 확대하여 예술성을 높이려 한다. 반면 북한에서 영화는 예술이기보다는 사실이라는 것을 계속해서 강조한다.

영화임에도 불구하고 언론보도 내용을 그대로 보여주거나 뉴스 영상을 내보낸다. 그렇게 해서 이것은 '영화가 아니'라는 것을 드러낸다. 이 이야기는 예술로서 영화가 아니라 교양으로서 실화이고, 주인공을 따라 배워야 한다고 말한다.

"우리의 집은 당의 품!"

은정	《우리 집 이야기를 이제부터… 어머니가 써줘요.》
정아	《내가?… 내가 어떻게…》
은정	《이 책을 쓴 우리 어머니두… 그걸 바라실 거예요.》
정아	《그럴가?… 뭐라구 쓸가?…》
은정	《음… 어머니 마음속에 꽉 차있는 거…》

생각을 더듬는 정아.

합창을 하는 아이들.

《우리의 아버지 김정은원수님! 우리의 집은 당의 품!》

펄펄 휘날리는 공화국기.

그 앞에 서 있는 정아와 아이들.

설화가 울린다.

《우리 집, 우리의 집은 당의 품! 세상에서 제일 좋은 우리 집 이야기는 앞으로 계속될 것이다.》

영화의 마지막이다. 모든 것이 완벽하게 마무리되는 순간이다. 영화는 온전한 가정의 회복, 당의 품 안에서 행복한 아이들이 그리는 우리 집으로 끝난다. 아이들은 휘날리는 국기 아래 한집에 살고 있는 사람들을 그리고는 하나하나 짚어 본다.

우리 엄마, 제강소 큰아버지, 큰어머니, 큰아버지, 이모, 인민반장 할머니, 선생님들이다. 은향이는 그림을 〈우리 집

이야기〉에 붙이자고 한다. 은향의 말을 받아 은정이가 정아
에게 〈우리 집 이야기〉를 써 달라고 말한다. 정아가 은정이
에게 묻는다.

"뭐라고 쓸가?"

"음… 어머니 마음속에 꽉 차있는 거…"

아이들이 글자를 하나하나 또박또박 합창으로 읽어 나
간다.

"우 리 의 아 버 지 김 정 은 원 수 님! 우 리 의 집 은 당
의 품!"

영화 〈우리 집 이야기〉의 주제이자 소재이자 핵심이 드
러나는 엔딩이다.

제3부

〈우리 집 이야기〉에 숨겨진 장면

〈우리 집 이야기〉 일기장

영화 〈우리 집 이야기〉의 키워드는 '우리 집'이다. 영화는 시작과 함께 제목이자 주제인 '우리 집 이야기'가 어떤 것인지를 보여준다. 〈우리 집 이야기〉는 은정이 엄마가 4남매의 맏이 은석이가 태어나던 날부터 가족들의 이야기를 하나하나 기록하면서, 아이들의 꿈을 키워가던 일기장의 이름이었다. 일기장에 붙어 있는 발바닥은 은석이가 처음 태어났을 때의 발이고, 빨간 별은 은정이가 유치원에서 받은 것이다.

영화는 내내 '우리 집'이 무엇인지를 보여준다. 단순히 개인으로서 '우리 집 이야기'가 아니라 '진정한 우리 집'이 무엇인지를 보여주고자 하는 것이다. 영화 후반에 이르면 '우리 집'은 곧 '당의 품'으로 결론 내려진다.

> 그 책에는 자식들의 먼 앞날까지 그려 본 어머니의 꿈이 있었다. 식구들은 그 책을 〈우리 집 이야기〉라고 불렀다. … 혁신자로 일하던 아버지를 잃고 그 일터에서 일하던 어머니마저 순직하였다. 내가 열다섯 살이 되던 해였다.

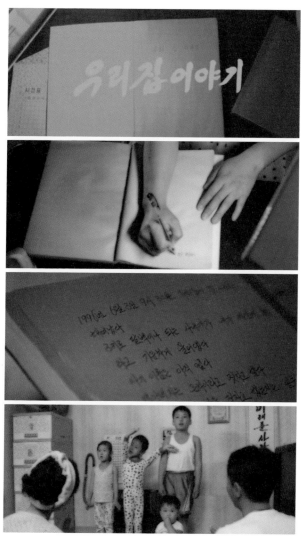

영화 <우리 집 이야기>의 키워드는 '우리 집'이다.
영화는 내내 '우리 집'이 무엇인지 보여주고자 한다.

가족들의 이야기가 담겨 있는 이 이야기를 쓸 수 있는 사람은 어머니 뿐이다. 〈우리 집 이야기〉에는 "그 책에는 자식들의 먼 앞날까지 그려본 어머니의 꿈이 있었다." 영화의 마지막에는 은정이가 정아에게 〈우리 집 이야기〉를 써 달라고 부탁한다. 은정이 남매를 돌볼 뿐만 아니라 정신적으로 성숙시켜주는 리정아를 '어머니!'라고 부르면서 자신들의 꿈을 키워준 엄마가 쓰던 일기장을 건넨 것이다.

영화의 〈우리 집 이야기〉라는 일기장 컨셉은 영화문학의 작가 원영실의 아이디어로 집에서 아이들을 키우면서 썼던 일기장을 메인 컨셉으로 구성하였다.

영화가 보여주고자 하는 '우리 집'은 사회주의 제도 안에서 살고, '우리 나라'가 곧 '우리 집'이라는 메시지이다. 우리 집이 무엇인가 하는 것은 '우리 집, 우리의 집은 당의 품!'이라는 마지막 대사를 통해 직접적으로 드러낸다. 휘날리는 국기 아래 한집에 살고 있는 사람들이 모두가 가족이라는 것을 보여준다. 사회주의 제도가 있고, 당이 있으면 어디가 되든 우리 집이라고 말한다.

우리 국가제일주의와 국기(國旗)

〈우리 집 이야기〉의 주제는 '우리 집은 곧 당의 품', '우리 국가제일'이라는 것이다. 〈우리 집 이야기〉에서는 이 주제를 대표하는 상징물이 국기이다. 아이들에게 밥이나 해주고, 빨래나 해주는 얕은 정으로는 아이들을 품을 수 없다는 것을 깨달은 리정아는 9월 9일 공화국창건일을 맞이하여 국기대를 고치고 국기를 게양한다.

리정아가 동네에서 제일 먼저 국기를 올리자고 이야기한 것은 은정이 엄마가 남긴 '우리 집 이야기'의 내용 때문이었다. 은정이가 국기를 보면서 왠지 마음이 설레했다는 글을 보면서, 은정이에게 국기의 소중함을 일깨워주기 위해서였다.

국기만 컬러, 나머지는 흑백으로 처리된 영화 화면

부모 없는 자기 집에 동네에서 가장 먼저 깃발이 올라간 것을 본 은정이가 알 수 없는 눈물을 흘린다.

영화에서는 국기만 컬러로 표현하고 나머지는 흑백으로 처리한다. 흑백으로 처리한 것은 은정이의 기억이 희미한 오래전 과거였다는 것을 보여주기 위한 화면처리이다. 국기를 컬러로 표현한 것은 오래전 희미한 기억 속에서도 국기에 대한 기억은 뚜렷하게 살아 있다는 것을 보여주기 위한 연출이다.

공화국창건일을 맞이하여 은정이네 집에 국기가 게양된 화면에 이어 군대에 간 은석이가 있는 부대가 나온다. 국기 아래 장기자랑을 하는 은석의 장면이 이어진다. 은석이가 있는 곳은 최전방이다. 최전방 은석이와 후방 은정이네를 연결하는 것은 국기이다. 국기를 통해 과거와 현재가 이어지고, 전방과 후방이 이어지고 있다는 것을 나타냈다.

국기를 우리 집의 대표 상징으로 내세운 것은 우리 국가제일주의 때문이다. 우리 국가제일주의는 북한이 대륙간탄도 로켓인 화성 15형 로켓발사 성공을 보도한 2017년 11월 30일자 「로동신문」 사설 '조국청사에 길이 빛날 민족의 대경사, 위대한 조선인민의 대승리'를 통해 처음 언급되었다.

위대한 수령 김일성동지와
위대한 령도자 김정일동지
혁명사상 만세 !

로동신문

조선로동당 중앙위원회기관지

당의 령도따라 내 나라,
내 조국을 더욱 부강하게 하기
위해 힘차게 일해나가자!

제3346호 [주체106(2017)년 11월 30일 (목요일)]

조국청사에 길이 빛날 민족의 대경사, 위대한 조선인민의 대승리

'우리 집'의 대표 상징으로 내세운 우리 국가제일주의가 처음 언급된
2017년 11월 30일자 「로동신문」 사설

모든 일군들과 당원들과 근로자들은 우리 국가제일주의, 우리 민족제일주의를 심장 깊이 간직하고 사회주의 내 조국을 끝없이 빛내이기 위하여 삶의 순간순간을 영웅적 투쟁과 위훈의 서사시로 력력히 아로 새겨야 한다.*

이후 『조선녀성』을 비롯하여 북한 언론을 통해 소개되기 시작한 우리 국가제일주의는 2019년 1월 1일 신년사 이후 본격적으로 이론화 과정을 거치고 있다.

우리 국가제일주의와 관련한 「로동신문」 기사로는 2019년 1월 16일 '우리 국가제일주의 기치높이 최후승리 앞당겨 오리', 1월 17일 사설 '사회주의 우리 국가의 정치사상적 힘을 백방으로 다져나가자', 1월 18일 '일심단결의 위력으로 승리 떨치는 사회주의 우리 국가', 1월 20일 논설 '우리 국가제일주의의 사상정신적기초', 1월 21일 사설 '우리 국가제일주의를 높이 들고 사회주의 강국 건설을 힘있게 다그쳐나가자', 1월 22일 논설 '우리 국가제일주의의 중요한 내용'

---

* '(사설) 조국청사에 길이 빛날 민족의 대경사, 위대한 조선인민의 대승리', 「로동신문」 2017년 11월 30일.

등이 있다.

북한은 우리 국가제일주의를 강조하면서, 국가 상징으로서 국호國號, 국기國旗, 국장國章, 국가國歌, 국화國花 등의 국가 상징에 대한 기사를 게재하고, 전통적으로 표상되던 국가 공식 상징물과 더불어 국수國樹, 국견國犬, 국조國鳥, 국주國酒 등으로 국가 상징을 확대하고 있다.

국가 상징물 중에서 가장 주목되는 것은 2019년에 창작된 가요 〈우리의 국기〉이다. 〈우리의 국기〉는 '국보급 작품'으로 공식 국가國歌인 〈애국가〉 급으로 강조하고 있다.

2019년 1월 1일 「로동신문」에는 〈우리의 국기〉 가사와 함께 김정은 위원장이 악보 위에 "노래가 대단히 좋다. 전체 인민의 감정이 담긴 훌륭한 노래(를) 창작한 데 대하여 높이 평가하며 만족하게 생각한다."는 친필 서명을 게재하면서 적극적인 보급을 지시하기도 하였다.

2019년 1월 26일부터 베이징 국가대극원에서 열린 북중 수교 70주년 기념 공연에서도 가장 먼저 불린 노래가 바로 〈우리의 국기〉였다.

이 공연은 중국 시진핑 국가주석과 김정은 국무위원장의 합의에 의해 진행된 공연이었다. 처음 북한예술단의 방중

국견(國犬) 풍산개를 소개한 「로동신문」 2018.12.02.(상단), 국조(國鳥) 참매를 소개한 「로동신문」 2018.12.09.(하단)

북한의 국수(國樹) 소나무를 소개한 『조선의 국수』(평양출판사, 2015)

2019년 창작된 가요 〈우리의 국기〉 소개 장면

공연이 추진되었던 것은 2015년이었다. 2015년 12월 현송월 단장의 모란봉악단 공연이 예정되어 있었으나 무산되었다.

2019년 공연은 참가 인원만 280명으로 역대 최대 규모였고, 공훈국가합창단, 삼지연관현악단, 모란봉전자악단 등 북한을 대표하는 단체들이 참가했다. 예술단을 이끈 단장도 리수용 외무상이자 노동당 국제담당 부위원장이었다. 관객은 일반인이 아닌 중국 관원과 주재원을 비롯한 초청인사로 채워졌고, 시진핑 국가 주석도 참관하였다. 이런 저런 면모로 볼 때 최정상의 문화외교라고 할 수 있는 행사에서 북한노래로 가장 먼저 불린 노래가 바로 〈우리의 국기〉였다.

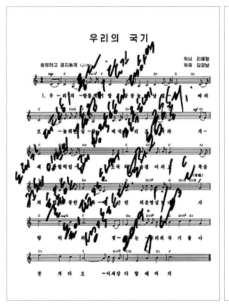

2019년 1월 1일 「로동신문」에 게재한 가요 〈우리의 국기〉와 김정은 위원장 친필

영광의 국기를 높이 날리며 인민은 승리하리라

조국강산을 진감하는 노래 《우리의 국기》에 대하여

가요 〈우리의 국기〉 반향을 전면에 소개한 「로동신문」 2019. 01.12.

2019년 1월 26일 중국 베이징 국가대극원에서 열린 북한예술단 방문 공연에서 가장 먼저 부른 노래가 〈우리의 국기〉였다.

흥미로운 점은 〈우리 집 이야기〉의 여러 장면이 2019년 새로운 애국가로 떠오르고 있는 〈우리의 국기〉의 영상 화면과 연결된다는 것이다.

영화 〈우리 집 이야기〉에서 리정아가 아이들의 정신적 기둥인 엄마로 거듭나는 첫 계기는 깃대를 고치고 국기를 게양한 것이다. 은정이 엄마가 남긴 일기장 〈우리 집 이야기〉에서 은정이가 숙제로 그려 간 그림에 국기가 그려져 있었고, 그 국기를 보면서 아이가 남달리 설레했다는 것을 기억한 리정아가 국기를 단 것이다.

김정은의 극찬을 받고 '국보급 작품'으로 공식 국가國歌인 〈애국가〉 급으로 불리는 〈우리의 국기〉 영상물에는 영화 〈우리 집 이야기〉의 화면과 유사한 화면이 모티브로 사용되고 있다.

영화 〈우리 집 이야기〉의 장면과 가요 〈우리의 국기〉의 영상 장면 비교

붉은 별

은정이 남매의 성장을 기록한 〈우리 집 이야기〉에는 붉은 별이 붙어 있는 일기장이 나온다. 〈우리 집 이야기〉에 붙어 있는 빨간 별은 은정이가 유치원에서 받아 온 것이다. 유치원이나 소학교에서 착한 일을 한 학생들에게 상으로 빨간 별을 준다. 우리 집 이야기에서 빨간 별은 은정이가 숙제를 잘하고, 공부를 잘해서 받은 별이다.

영화에서 은정이 아버지는 은정이가 받아 온 빨간 별을 은정이 가슴에 달아준다. 은정이 아버지가 자랑스럽게 여기라고 달아주는 훈장이다. 은정이가 가슴에 다는 빨간 별은 〈우리 집 이야기〉의 메인 상징인 국기의 한 조각이다.

영화 〈우리 집 이야기〉에서 빨간 별은 국기로 연결된다. 리정아는 9월 9일 명절날 아침에 가장 먼저 국기를 게양한다. 리정아가 게양한 국기를 보는 은정의 가슴이 설렌다. 리정아가 국기를 달기로 한 것은 〈우리 집 이야기〉에서 은정이가 유치원에서 받은 빨간 별을 가슴에 달고 좋아했고, 국기를 보면서 가슴 설렜다는 은정이 엄마의 일기 때문이었다.

〈우리 집 이야기〉의 메인 상징 빨간 별은 국기의 한 조각이다.

어느 명절날 아침 온 가족이 떨쳐나와 람홍색기발을 띄운던 일이 그 어린 마음에 무척 인상깊었던 모양이다. 식구들은 은정의 크레용화를 〈우리 집 이야기〉 책에 붙이기로 결정하고 뽀뽀를 해 주었다.

공화국기를 보면서 은정이가 가슴 설레한 것은 빨간 별 때문이었다. 늘 칭찬받고 가슴에 달던 빨간 별을 국기에서 보았기 때문이었다. 은정이가 칭찬받고 빨간 별을 탄 그림 숙제는 빨간 별 아래 사람들이 한 가족처럼 모여있는 그림이었다.

은정이가 그린 빨간 별은 〈우리 집 이야기〉의 마지막 장면에서 북한 국기로 재현된다. 〈우리 집 이야기〉는 리정아와 아이들이 국기 아래 사람들이 모여있는 그림을 그리는 것으로 끝난다.

아이들은 그림에 그려진 사람들을 손으로 짚으면서 이들 모두 우리의 가족이라고 생각한다. 이 장면이 바로 〈우리 집 이야기〉의 주제로서 우리 집이 바로 사회주의 제도 안에서 살고 있는 북한이라는 것을 가장 선명하게 보여주고 있다.

〈우리 집 이야기〉의 마지막 장면에서 아이들이 국기 아래

미술을 통한 국가 상징 교양을 강조한 '미술교육과 우리 생활', 「로동신문」 2018. 12. 29.

서 있는 사람들을 하나하나 그리는 장면은 〈우리의 국기〉 영
상화면에서도 흡사하게 나온다. 북한에서는 아이들에게 애
국심을 심어주는 첫 단계로써 국가 상징을 가르치고 있다.

　북한은 우리 국가제일주의를 강조하기 시작한 2018년
12월 29일 「로동신문」에 '미술교육과 우리 생활'이라는 기
사를 실었다.

　"조국의 풀 한포기, 나무 한그루도 자기의 더운 피와 땀
으로 지키고 가꾸어 갈줄 아는 참다운 애국의 마음을 후대들
의 가슴속에 깊이 심어주자면 우리식의 아름다움을 미의 기
준, 미의 표준으로 여기고 사랑하도록 그들에 대한 미술교육
을 잘하는 것이 중요하다"면서, "초보적인 미적의식과 미적
정서를 안겨주는 유치원, 소학교, 초급중학교, 고급중학교단

계의 미술교육에서는 무엇보다먼저 김일성화와 김정일화, 우리 나라의 국기와 국장, 국수, 국견, 국조, 국화를 비롯하여 절세의 위인들을 칭송하고 나라를 상징하는 대상들을 그림으로 아름답게 그려낼 수 있는 능력을 키워주고 각이한 종류의 미술작품을 창작할 수 있는 기초를 다져주어야 한다"는 것이다.

길

　〈우리 집 이야기〉에서 '길'은 핵심적인 상징이자 모티브이다. 〈우리 집 이야기〉는 리정아가 자전거를 타고 은정이네 집으로 가는 장면으로 시작한다.

　리정아는 매일같이 강선시 화석동 자기 집에서 반대편에 있는 은정이 집까지 왔다가 다시 중간에 있는 급양사업소를 오고 갔다. 출근하는 시간에 서둘러 은정이 집을 오가느라 자전거도 고장이 나기 일쑤였다. 자전거 때문에 초급단체위원장에게서 '지각처녀'라는 소리까지 듣는다. 하지만 리정아는 그 길을 멈추지 않는다.

　봄이건 가을이건 리정아는 변함없이 묵묵히 먼 길을 자전거를 타고 오간다. 초급단체위원장도 리정아가 가는 길을 막지 않는다. 혼자서 남몰래 아이들을 돕는 리정아를 위해서 생일선물로 새 자전거를 선물하기도 한다.

　항상 똑같은 모습으로 동뚝길을 오가는 정아의 모습은 한결같이 변함없는 마음으로 원수님 어깨의 짐을 덜어 드리고 싶어 하는 정아의 마음을 상징한다.

　정아가 사시사철 아침, 저녁으로 오가는 동뚝길을 어느

길은 〈우리 집 이야기〉의 핵심 상징이자 모티브이다. 매일 동뚝길을 오가는 리정아(상단 1, 2)와 창학과 동뚝길을 걷는 책임비서(하단)

날 책임비서 김상학과 급양초급단체위원장 김창국이 함께 걷는다. 책임비서가 김창학을 동뚝길로 부른 것이었다. 책임비서는 리정아가 매일같이 오갔던 길을 김창국과 함께 걸으면서, 리정아가 하는 일이 얼마나 소중하고 값진 일인지를 알려준다.

동뚝길이 어떤 의미를 담고 있고, 어떤 길인지를 가장 직접적으로 보여주는 것은 리정아와 아이들이 이모집에서 돌아오는 장면이다. 〈우리 집 이야기〉의 후반부에는 리정아가 이모 집으로 갔던 은정이네 4남매와 함께 동뚝길을 따라 집으로 돌아오는 장면이 있다. 리정아와 아이들은 책임비서가 보낸 차를 타고 집으로 돌아오던 길이었다. 차를 타고 집으로 오던 길에 리정아는 동뚝길에서 기사에게 차를 멈추어 달라고 부탁한다. 그리고는 아이들과 함께 차에서 내린다.

리정아가 차에서 내려 아이들과 함께 동뚝길을 걷자고 한 것은 이 길이 어떤 길인지를 알려주기 위해서 였다. "누나, 우리 왜 차 안타구 가나요?"라고 묻는 은철을 보면서 리정아가 말한다.

"얘들아, 이 길은 나라가 제일 어려울 때 어버이 수령님께서 우리 강선을 찾으셨던 길이구 눈 내리던 12월의 그날

〈우리 집 이야기〉는 길을 통해 리정아가 가고 있는 길이 어떤 길인지 아이들에게 확인시켜준다.

위대한 장군님께서 오셨던 길"이라고 알려준다. 그리고 아이들과 약속한다. "우리 오늘두 래일두 이 길을 무심히 걷지 말자.… 얘들아, 알겠지?"

리정아는 동뚝길이 강선 땅을 밟았던 경애하는 원수님과 경애하는 장군님이 오셨던 길이라는 것을 상기시키면서, 아이들에게 '기쁘게 해 드리자'고 다짐한다. 이 부분이 〈우리 집 이야기〉의 주제 부분이다. 영화는 리정아가 가고 있는 길이 어떤 길인지를 아이들에게 확신시켜주면서 아이들과 함께 걸어가는 리정아를 멀리서 바라본다.

아이들은 동뚝길을 걸어 강선을 현지지도 했던 김일성과 김정일의 혁명사적지를 찾아 그림비 앞에서 묵념을 올린다. 밥이나 하고 빨래나 하면서 아이들을 도와주는 엄마가 아니라 아이들에게 애국심과 수령에 대한 충성심을 가르치는 '어머니'로 성장한 리정아의 모습을 보여준다.

리정아의 옷

〈우리 집 이야기〉에서 옷은 인물의 심리상태를 나타내는 수단의 하나이다. 〈우리 집 이야기〉에서 리정아가 입는 옷은 '꽃시절'로 표현하는 '처녀시절'을 지나 엄마로의 변신을 상징한다.

〈우리 집 이야기〉의 첫 장면에서 흰색 원피스를 입은 리정아가 자전거를 타고 은정이네 집으로 가고 있다. 전체 주제를 압축적으로 보여주는 이 장면은 여러 상징을 담고 있다. 리정아가 가고 있는 길은 동뚝길이다. 동뚝길은 경애하는 수령님과 장군님이 오갔던 길이다. 리정아가 가는 길도 아무렇게나 가는 길이 아니라 장군님을 생각하고 따르는 길이다. 이런 길을 가고 있는 리정아의 옷은 순백의 흰색이다. 티끌하나 없어 보이는 리정아의 흰색 원피스는 오로지 원수님만을 생각하는 순결한 마음을 상징한다.

흰색의 옷을 입고 자전거를 타고 가는 동뚝길은 멀지만 밝기만 하다. 리정아의 순결한 마음을 상징하는 흰색과 넓게 펼쳐진 동뚝길은 곧 고아들을 걱정하시는 경애하는 원수님을 위하는 길이기 때문에 밝게 연출한 것이다.

리정아의 흰색 원피스는 순결한 마음의 상징이다.(상단)
'꽃시절'을 보내는 처녀를 상징하는 리정아의 밝은 옷(하단 1, 2)

일요일 아침 은정이 집으로 가는 밝은 옷차림의 리정아와 은정이 이모 집을 찾아갈 때 흰저
고리와 검은치마를 입고 있는 리정아

극의 초반에 리정아가 입고 있는 옷은 밝은색 계통이다. 아직은 꿈많은 처녀의 심리를 나타낸다. 은정이 남매를 돌보는 엄마의 역할을 하지만 아직 18살, 북한식 표현대로 하면 '꽃시절'을 보내는 처녀이다. 영화는 밝은색을 통해 리정아가 꿈많고 아름다운 처녀임을 보여준다.

극의 후반부에서는 리정아의 옷이 바뀐다. 리정아는 흰저고리에 검은치마를 입고 있다. 일요일 아침 은정이 집으로 향하던 리정아가 입고 있던 옷은 흰색 블라우스에 파란색 치마였다. 그런데 은정이 이모 집으로 은정이 남매를 찾아갈 때의 옷은 흰저고리에 검은치마였다. 이후로는 계속해서 이 복장을 입는다.

리정아는 이후 마지막 엔딩 장면을 제외하고는 끝까지 흰저고리에 검은치마를 입고 있다. 리정아가 이 복장을 입는 것은 공인公人이 되었음을 의미한다. 흰저고리와 검은치마는 북한에서 여대생의 교복이자 일체의 공식 행사에서 입는 여성용 정장이다.

리정아는 모범청년 사례 발표장에서도 흰저고리와 검은 치마를 입었다. 북한에서는 공식행사에서 성인 남성의 경우에는 인민복이나 양복을, 청년이나 소년단은 흰색 상의와

공식행사의 여성들 흰저고리에 검은 치마를 입고 있다.

검은색 하의를 입는다. 〈우리 집 이야기〉에서도 리정아를 환영하는 행사 장면에서는 청년들과 학생들이 흰색 상의에 검은색 치마나 바지를 입고 있다.

　이전까지는 리정아가 입었던 밝은색의 옷차림이 아리따운 처녀의 여성성을 상징하였다면 흰저고리에 검은치마는 성숙한 엄마로서 모성을 상징한다. 이제는 개인이 아닌 시대를 대표하는 모범선구자이자 성숙한 어머니로서 공적인 인물이 되었다는 것을 옷을 통해 보여준 것이다.

　#　은향의 옷

　　리정아와 은정이 남매가 우여곡절 끝에 다시 한마음이
되어서 꿈을 펼치기로 한다. 은정이는 동생들 때문에 포기하
려고 했던 수학올림픽에 다시 참가하게 되었다. 리정아와 은
향, 은석은 은정이를 위해서 축하의 잔치를 벌인다.

　　은정이를 축하하는 자리에 은향이와 은철이는 가장 입
고 싶은 옷을 입는다. 축구선수가 꿈인 은철이는 축구 유니
폼을 입고 나왔다. 은향이도 아껴두었던 치마를 꺼내 입는
다. 은향이가 입은 원피스는 하얀색을 바탕으로 상의에 빨간
색 테두리가 있고, 밑단에는 남색, 흰색, 빨간색 띠가 들어가
있다. 은향이가 입고 있는 옷의 붉은색은 소년단의 상징이자

북한의 국기를 상징하는 은향이의 치마

당기의 일부로 치마는 곧 북한 국기인 '홍남오각별기'를 상징한다. 이 장면에서 북한 국기를 상징하는 옷을 입은 은향이가 부르는 노래는 〈조국찬가〉다.

사랑하는 어머니가 첫걸음마 떼여준

정든 고향 집뜨락 조국이어라

누구나 소중한 그 품은 조국

영화는 은향이가 입고 있는 옷과 노래로 국기에 대한 사랑, 조국에 대한 사랑을 표현한 것이다.

가요 〈조국찬가〉 영상물

들꽃 꽃다발

북한 영화에서는 주인공의 성과를 축하하는 꽃다발이 많이 등장한다. 〈우리 집 이야기〉에서도 꽃다발로 축하하는 장면이 나온다. 다른 영화와 비교하면 유난히 많다. 모범선구자 리정아를 모델로 하였기에 리정아의 성과와 노력을 축하하고 격려해야 할 부분이 많기 때문이다.

〈우리 집 이야기〉에서 꽃다발은 리정아가 받는 것과 리정아가 수령과 당에게 바치는 헌화로 나누어 진다. 리정아는 세 번의 꽃다발을 받는다. 첫 번째 꽃다발은 초급단체원들에게서 받는 꽃다발이다. 리정아가 홀로 먼 길을 오가면서 은정이 남매를 돌본다는 사실을 알게 된 초급단체원들이 리정아의 생일을 맞이하여 축하 선물로 자전거를 준비한다. 부업밭에서 김을 매던 리정아가 문득 논둑에 세워진 자전거가 자기 선물이라는 것을 알고 기뻐한다. 자전거를 타고 밭길을 내려오는 리정아에게 초급단체원들은 들꽃을 꺾어 건네며 축하해준다.

리정아가 받는 두 번째 꽃다발은 최전방에서 복무하는 은석의 부대원들에게서 받는 꽃다발이다. 군인예술대회에

북한 영화에서는 꽃다발로 축하하는 장면이 많이 등장한다. 은석의 부대원들에게 들꽃으로 만든 다발을 받은 리정아

참가하러 평양으로 가는 길에 강선역에 들린 은석은 동생들과 엄마를 만나고 싶다면서 편지를 보냈다.

죽은 은석의 엄마를 대신해서 편지를 썼던 리정아는 책임비서에게 도움을 청한다. 책임비서와 같이 강선역에 나선 리정아는 은석에게 사실을 말한다. 자기가 죽은 엄마를 대신해서 편지를 썼다면서 눈물로 사과한다. 그때 은석의 부대 중대장이 나서서 경례를 올린다. 은석은 리정아의 일을 이미 알고 있었다. 책임비서가 은석의 부대까지 찾아가 그동안 있었던 일을 모두 말했던 것이다.

은석이 정아를 찾았던 것은 고맙다는 인사를 올리기 위한 것이었다. 중대장은 최전방의 군인이 집 걱정을 덜고 군복무에 충실할 수 있도록 도와주었다는 것에 대해 감사의 인사를 올린 것이다. 그리고 부대원들이 부대의 들꽃으로 만든 꽃다발을 바친다.

들꽃으로 만든 꽃다발은 수학올림픽에서 1등한 은정이가 받았던 꽃다발과는 다른 의미를 갖고 있다. 북한에서 들꽃은 예술영화 〈들꽃소녀〉의 이미지로 각인되어 있다. 예술영화 〈들꽃소녀〉는 2012년 조선4.25예술영화촬영소에서 제작한 영화이다.

조선예술영화
Korean Feature Film

들꽃소녀
The Daisy Girl

조선영화수출입사 Korea Film Export & Import Corporation

2012년 제작된 조선4.25예술영화촬영소의 예술영화 〈들꽃소녀〉

김정은 체제가 본격적으로 시작한 2012년에 제작된 〈들꽃소녀〉는 김일성이 현지지도를 한 표식비에 들꽃으로 꽃다발을 만들어 바친 소녀의 이야기를 원형모델으로 한 영화이다.

〈우리 집 이야기〉의 원형인 장정화처럼 보이지 않는 곳에서 최고지도자에 대한 그리움을 실천하는 영웅을 부각시키기 위해 제작한 영화이다. '장군님에 대한 절절한 그리움을 정성껏 마련한 들꽃 묶음을 드리는 것'으로 상징한 것이다.

예술영화 〈들꽃소녀〉는 그렇게 장군님을 그리워하면서 묵묵히 자기 일을 하던 소녀가 전투비행단의 신호수가 되어서 큰 위험을 막는다는 내용이다. 북한 어디에서나 볼 수 있는 현지지도 표식비에 정성껏 꽃다발을 바치듯이 전투기의 미세한 움직임 차이를 알아보고 보고함으로써 큰 사고를 막은 들꽃소녀는 작은 틈 하나가 사회주의 조선을 무너뜨릴 수 있다는 경각심을 보여준 사례로 표상되었다.

헌화의 꽃다발과 김일성화, 김정일화

리정아가 받은 세 번째 꽃다발은 리정아의 이야기가 북한 전역에 알려지고 모범선구자로 발표된 후 '경애하는 원수님'을 접견하고 돌아와 받는 꽃다발이다. 광장에는 리정아를 축하하기 위해서 은정이 남매, 초급단체원, 책임비서와 당 일꾼 등 강선 사람들이 모두 나와서 기다리고 있었다. 사람들은 차에서 내린 리정아를 축하하려고 꽃다발을 건넨다. 리정아가 받은 꽃다발은 들꽃이 아니다. 제대로 만들어진 꽃다발이다.

이 장면에서 리정아가 들고 있는 꽃은 강렬한 붉은색에 화려한 꽃잎을 갖고 있다. 이 꽃은 '김정일화'이다.

참고로 〈우리 집 이야기〉의 시작 장면에 보이는 은정이 남매의 방 안 경대에는 김정일화 화분이 있다.

〈우리 집 이야기〉의 은정이 남매 경대 화분과 김일성화

〈우리 집 이야기〉에서 리정아가 받은 김정일화

정성과 경의, 공식성을 의미하는 동상에 바치는 꽃다발

들판에서 꽃을 꺾어 바치는 들꽃 꽃다발은 소박하지만, 정성을 강조하는 것이다. 같은 꽃다발이지만 최고지도자의 동상에 바치는 꽃다발과는 차이가 있다. 동상에 바치는 꽃다발은 정성과 경의, 공식성을 의미한다. 리정아와 은정이 남매가 최고지도자의 동상에 꽃을 바칠 때를 보면 확인할 수 있다.

리정아와 은정이 남매는 모두 흰색 상의에 검은색 하의를 입고 잘 포장된 꽃다발을 바친다. 공식 행사에서 볼 수 있는 헌화 장면이다.

최고지도자에게 꽃다발을 바치는 장면은 북한의 조각에서 가장 일반적으로 볼 수 있는 형상 가운데 하나이다. 두 손으로 정성스럽게 꽃다발을 가슴에 들고 있거나 두 손으로 화환을 정중하게 바친다. 이들의 눈은 고개를 들고 위를 바라보고 있다.

최고지도자에게 헌화하는 북한의 조각상

리정아의 가슴에 달린 김정일청년영예상

〈우리 집 이야기〉의 마지막 부분에서 리정아는 오른쪽 가슴에 훈장을 달고 있다. 리정아가 달고 있는 훈장은 '김정일청년영예상'으로 받은 훈장이다.

김정일청년영예상은 김정일의 생일 70주년을 맞이하여 2012년 2월 3일 최고인민회의 상임위원회 정령 제2150호로 새롭게 제정되었다. 김정일훈장의 제정 목적은 "김정일동지의 유훈을 받들어 국가건설 위업을 수행하기 위한 투쟁에서 특출한 공로를 세운 일꾼간부과 인민군 장병, 근로자, 군부대와 기관·기업소, 사회협동단체를 국가적으로 표창하기 위한" 것이었다. 김정일훈장은 북한 최고의 훈장인 '김일성훈장과 함께 최고의 훈장'으로 분류된다.

김정일청년영예상을 가슴에 단 리정아와 김정일청년영예상

같은 날 최고인민회의 상임위원회 정령 제2151호로 김정일상을, 정령 제2152호로 김정일청년영예상을, 정령 제2153호로 김정일소년영예상을 제정하였다. 김정일청년영예상은 모범적인 청년동맹 조직과 청년이 대상이며, 김정일소년영예상은 모범적인 소년단원에게 수여한다.

〈우리 집 이야기〉에서 이모 집으로 갔던 은정이 남매를
데리고 집으로 돌아온 리정아가 아이들과 함께 나무를 심
는 장면이 나온다. 아이들을 돌보는 고아의 엄마로서 나무
를 심는 장면이 들어간 것은 북한에서 가장 절실한 사업 가
운데 하나가 나무심기 사업이기 때문이다.

북한에서 나무심기 사업은 국가 차원에서 총력을 기울
이는 사업이자 전투이다. '한 대를 베고 백 대를 심자!', '전후
에 복구 건설을 한것처럼 전당, 전군, 전민이 떨쳐나 산림 복
구 전투를 힘있게 벌리자!', '온 나라를 수림화, 원림화, 과수
원화 하자!' 등의 구호를 내세우면서 푸른 숲에 애국의 마음

리정아와 아이들이 나무를 심는 장면

을 바치자고 홍보한다.

아이들에게 사회주의 조국을 아끼고 사랑하는 마음을 길러주는 진정한 어머니로서 리정아에게 지금 가장 필요하고 실천할 수 있는 애국 사업이 나무심기인 것이다.

나무심기를 강조한 북한의 잡지.
한결같이 나무를 심고 산을 푸르게 가꾸는 것이 애국이라는 것을 강조한다.

제강소 선동공연에 나선 아이들

〈우리 집 이야기〉의 후반부에는 리정아가 아이들과 함께 제강소 노동 현장에서 노래를 부르는 장면이 있다. 리정아가 아이들을 데리고 노동현장에 나간 것은 아이들에게 애국심을 심어주기 위해 경제선동에 나선 것이다.

북한에서 경제선동은 매우 중요한 예술활동의 하나이다. 작업현장에는 노동을 격려하는 선동공연을 하거나 방송으로 노래를 틀어준다. 생산현장에서 하는 공연을 '화선공연'이라고 하는데, 노동현장에서의 공연을 전문으로 하는 기동예술선전대가 별도로 편성되어 있다.

리정아와 아이들이 공연하는 제강소현장에는 '강철로 당을 받들자!'는 구호가 적힌 선전판이 있다. '강철로 당을 받들자!'는 구호는 금속부문의 생산을 독려하는 교과서 같은 구호이다.

금속분야에서 혁신을 일으키자는 기사
'강철로 당을 받들자!', 「로동신문」 2018. 12. 19.

제강소 노동현장에서 노래를 부르는 리정아와 아이들(상단),
건설현장에서 공연하는 청년중앙예술선전대(하단)

철강생산은 산업에서 빼놓을 수 없는 구호이다. 더욱
이 〈우리 집 이야기〉의 배경이 된 천리마제강련합기업소는
천리마운동의 출발지로 "전후 40일 만에 첫 쇠물을 뽑아냈
고 6만t 능력의 분피압연기에서 12만t의 강편을 밀어낸" 곳
이다.*

---

*   '강철로 당을 받들자!', 「로동신문」 2018. 12. 19.

교실 안의 텔레비전과 영상교육

    은정이의 학교 생활을 보여주는 장면에서 수학선생이자 은정이 반 담임인 철민이 세평방의 정리피타고라스의 정리를 설명한다. 칠판에서 설명하던 철민이 칠판 옆으로 이동해서 화상으로 수업을 이어간다.

    〈우리 집 이야기〉에서 이 장면은 최근 교육현장을 보여주는 설정이다. 김정은 체제에서 가장 역점을 두는 사업 분야의 하나가 교육이다.

    김정은 체제가 공식적으로 시작된 2012년 김정은은 첫 사회개혁으로 교육제도를 개편하였다. 초등교육 기간을 기존 4년에서 5년으로 1년을 늘리고, 통합으로 운영하던 중등과정을 초급중학교와 고급중학교로 분리하였다. 초등교육과정이 4년에서 5년으로 늘어나면서 기존의 11년제 의무교육 기간도 12년으로 확대되었다. 참고로 북한의 의무교육은 취학 전인 유치원 높은반 1년 소학교 5년, 초급중학교 3년, 고급중학교 3년이다.

    초등교육 기간을 늘린 것은 21세기 지식경제 시대에 맞는 인력을 양성하기 위해서는 기초 과정이 4년으로는 부족

교육개혁의 하나로 교수방법의 혁신을 강조한 「로동신문」 2019.01.07.

하다고 판단했기 때문이었다.

1중학교 중심으로 진행하였던 컴퓨터 교육과 외국어를
일반 중학교로 확대하고, 기초과학 분야의 교육을 강화하였
다. 교재도 시대에 맞게 한다는 명분으로 주입식에서 창의력
을 중심으로 한 교과로 개편하였고, 교육 자재도 적극 개발
하였다.

다양한 교재 개발을 소개한 북한 영상물

　〈우리 집 이야기〉에서 철민이 피타고라스의 정리를 화상
으로 보여주는 것은 김정은 체제에서 달라진 교실풍경을 보
여주기 위한 설정이다. 북한에서 화상 수업은 과외학습 지도
에서 흥미를 돋구고 학습 효율을 높이기 위한 방법으로 활용
되고 있다. 화상수업은 국부망_{근거리 내부통신망}을 통해서 교과서
내용을 설명하고, 문제를 풀어보는 방식으로 수업이 이루어
지고 있다.

은철이의 마르세유 턴

은철이가 축구시합을 하는 장면이 나온다. 은향이의 응원에 힘 입어서인지 뛰어난 실력으로 골을 뽑아낸다. 은철이가 선보이는 기술 중에는 한쪽 발로 공을 멈추고 360도로 돌아서 다른 발로 공을 콘트롤하는 장면이 나온다.

은철이가 선보인 기술은 '마르세유 턴'으로 알려진 기술이다. '마르세유 턴'은 프랑스의 축구영웅인 지네디 지단이 세계 최고 축구 구단의 하나인 스페인 레알마드리드에서 즐겨 사용한 축구 기술이다. 지네디 지단 선수가 마르세유 광장에서 길거리 축구를 할 때부터 즐겨 사용하였던 기술로 지단을 상징하는 축구기술이기도 하다.

은철이가 축구하는 장면에서 이런 기술을 연출한 것은 은철이의 축구 재능을 보여주려는 의도이다. 북한이 강조하는 축구강국, 축구인재 양성이라는 국가 역점 사업을 은철을 통해 보여주려한 것이다.

영화는 축구강국, 축구인재 양성이라는 국가 역점 사업을 은철이를 통해 보여준다.

은철이 축구복과 FIFA

은정이네 막내 은철이는 축구부 주장이다. 은철이가 입고 있는 축구복은 상, 하의가 모두 빨간색이다. 은철이가 입고 있는 붉은색 유니폼은 북한 축구대표팀의 색깔이다. 북한 축구대표팀의 제1유니폼은 흰선이 들어간 붉은색 상의와 하의에 붉은색 스타킹이며, 제2유니폼은 붉은색 선이 들어간 상의와 하의에 흰 스타킹이다.

은철이 시합에서 입고 있는 유니폼은 북한 축구대표팀의 주 유니폼과 같은 붉은색 상, 하의를 입고 있다. 상대편은 푸른 색을 입고 있다. 은철이 입고있는 유니폼은 푸마 제품으로 왼쪽 가슴에 'puma'라는 글씨와 푸마 그림이 있다. 상의

은철이가 입는 축구복에는 푸마 로고와 FIFA라는 글씨가 선명하다.

유니폼 오른쪽에는 흰글씨로 '강철'이라고 쓰여있다. 은철이 다니는 강철소학교이다. 은철이 입은 유니폼 오른쪽 소매에는 국제축구연맹의 약자인 'FIFA'가 새겨져 있다. 북한 축구 대표팀과 꼭 같은 유니폼을 입고 골을 넣었다. 국제 축구무대에서 좋은 성적을 올려 축구 강국이 되고자 하는 희망이 반영된 연출이다.

강선과 강선의 저녁노을

〈우리 집 이야기〉에서 책임비서는 초급단체위원장 창국을 만나 리정아의 행동이 얼마나 값진 일인지를 알려준다. 동뚝길을 걸어가는 두 사람 앞으로 저녁노을이 물들고 있었다. 영화문학에는 "아름다운 강선의 저녁노을이 피여오른다"고 하였다.

여기서 '강선의 저녁노을'은 두 사람이 걸어가는 저녁노을을 의미하기도 하지만 그보다는 천리마제강소 노동자들이 사회주의 건설을 위해 밤늦게까지 일하는 모습을 그린 정영만의 조선화 〈강선의 저녁노을〉과 연결된다.

강선을 이야기하면서 빼놓을 수 없는 작품이 바로 정영

강선의 저녁노을은 천리마제강소 노동자들이 밤늦게까지 일하는 모습과 연결된다.

정영만, 〈강선의 저녁노을〉(조선화, 1973)

가요 〈강선의 노을〉의 영상

만의 〈강선의 저녁노을〉이다.

정영만은 조선미술가동맹위원장을 두 번이나 역임한 북한 최고의 화가이다. 〈강선의 저녁노을〉은 강선의 저녁노을 배경으로 강선제강소의 풍경을 그린 작품이다. 북한 미술 작품 중에서도 최고 걸작으로 평가받는 작품이다.

붉은색으로 표현된 강선의 저녁노을은 사회주의로 물들어가는 북한 사회를 상징하며, 강선제강소는 사회주의 경제발전 계획에 의해 전변하는 국토를 상징한다. 특별히 이 작품이 최고로 손꼽히는 이유는 노동자들이 노동하는 모습을 직접 그리지 않고서도 공장의 불빛과 쇳물, 흰연기 등으로 열심히 일하고 있는 노동자들을 표현하였기 때문이다.

북한 미술사에서 최고의 작품으로 손꼽히는 '강선의 저녁노을'이 두 사람의 앞길에 펼쳐진 것이다. 두 사람 앞에 펼쳐지는 강선의 저녁노을은 곧 김정은 시대의 화폭이며, '새로운 강선의 저녁노을'이다. 강선의 노을은 정영만의 그림뿐만 아니라 가요 〈강선의 노을〉로도 알려져 있다.

강선 혁명사적지

〈우리 집 이야기〉의 배경이 된 강선은 '천리마운동'이 시작된 혁명사적지로 김일성, 김정일, 김정은이 찾았던 곳이다. 영화에 나오는 동상, 그림비, 혁명사적들은 강선을 현지지도 한 김일성과 김정일의 사적물이다.

김일성은 1956년 12월 28일 강선제강소를 현지지도했다. 이때의 방문이 바로 1만 톤의 강재증산 문제를 토의하기 위한 방문이었다. 김정일은 2008년 12월 24일에 천리마제강련합기업소를 찾았다.

강선의 혁명사적을 보면서 강선의 혁명을 이어가자는 「로동신문」 기사. 2018. 12. 25.

영화 속의 강선 혁명사적물

인기 화장품 '봄향기'

〈우리 집 이야기〉 체육대회 장면이다. 체육관에서 사회
급양관리소의 체육경기가 한창이다. 지배인이 요기경기대
회를 알리면서 상품을 소개한다. "1등에 우리나라의 유명한
봄향기 화장품!…… 2등에 치마저고리 천 한 벌감!…… 3등
에 학용품"이다.

사람들은 리정아에게 메기탕집 승희를 제끼고 1등을 하
라고 하는데, 정아는 3등을 욕심낸다. 자기에게 필요한 화장
품보다는 은정이 남매를 위한 학용품이 필요했기 때문이다.

하지만 리정아의 계획은 책임비서의 도움으로 실패하
고, 1등을 한다. 그리고 3등한 절친 승희와 상품을 바꾼다.

정아의 만두를 심사하는 지배인 뒤로 1등, 2등, 3등 시상대가 보인다.

승희는 자신의 학용품과 정아의 화장품을 바꾸고는 신이 났다. "너 나하구 화장품 바꾼 거 정말 후회 안 하지?" 되묻기도 하고, "네가 무슨 생각에 화장품과 학용품을 바꿨을가?" 궁금해 하기도 한다.

봄향기는 신의주화장품공장에서 생산하는 화장품 브랜드이다. 북한의 화장품 브랜드는 '봄향기', '은하수', '미래', '금강산'이 있다. 그 중에서도 봄향기는 가장 지명도가 높고, 오랜 브랜드이다. 신의주화장품공장의 봄향기 화장품은 개성고려인삼을 주원료로 한 살결물스킨, 물크림로션, 자외선방지크림선크림, 물분크림파운데이션, 눈동분아이섀도우, 눈섭먹마스카라, 광택입술연지립글로즈, 영양물에센스, 영양크림 등이 있다.

세트로 판매되는 봄향기 화장품 세트는 3종, 5종, 7종

요리대회 1등 상품인 봄향기 화장품 세트

신의주화장품공장의 봄향기 화장품(상단 1, 2)과
〈우리 집 이야기〉의 방 안 경대 위에 놓인 봄향기 살결물과 물크림(하단)

세트가 있다. 3종 세트는 살결물수렴성, 보습성, 물크림으로 구성되어 있으며, 5종세트는 살결물보습성, 물크림, 크림, 분크림, 밤크림으로, 7종 세트는 살결물, 물크림, 머리영양물, 영양물, 밤크림, 분크림, 크림으로 구성되어 있다.

봄향기 화장품은 은정이 집 경대에서도 보인다. 〈우리 집 이야기〉는 아침 등교시간에 포충망과 국어단어장 때문에 벌어지는 한바탕 소동으로 시작한다. 정신없어 하는 아이들 뒤로 보이는 경대 위에 화장품이 보인다. 봄향기 살결물과 물크림이다.

천리마 짜장면집

북한에도 짜장면이 있을까? 북한에도 짜장면이 있다.
최근에는 일부이기는 하지만 앱으로 배달시켜 먹기도 한다.
〈우리 집 이야기〉에서도 짜장면집이 나온다. 리정아가 속한
사회급양관리소에서 체육경기가 벌어지는데, 경기 종목의
하나가 요리경연이다.

〈우리 집 이야기〉에 나오는 짜장면집 팻말

승희가 속한 메기집을 비롯해서 국수집, 생선집 등 급양 관리소 소속의 선수들이 참가한다. 선수들을 격려하는 응원도 치열하다. 선수들을 응원하는 팻말을 보면 '천리마 짜장면집'도 있다. 출전 선수를 알리는 팻말에도 '천리마 국수집' 옆에 '천리마 짜장면집'이라 쓴 팻말이 보인다.

국수집은 냉면집이다. 북한에서는 국수로 통칭한다. 차가운 국수는 냉면이고 따뜻한 국수는 온면이라고 한다.

항해기술과 정보통신의 발전을 바탕으로 산업혁명을 거친 유럽 제국들이 항해를 시작했다. 시장을 개척하고, 식민지를 확보하기 위한 치열한 항해는 마침내 세계 여러 곳에 발자국을 남겼다.

새로운 곳에는 낯선 사람들이 살고 있었다. 그들의 삶은 달랐다. 다른 삶을 이해하고자 학자들을 보냈다. 문화인류학은 그렇게 해서 20세기 가장 많이 성장한 학문의 하나가 되었다고 한다.

21세기 정보통신의 발달로 세계인은 시간과 장소에 구애받지 않고 만날 수 있게 되었다. 새로운 곳에는 역시나 낯선 사람들이 살고 있었다. 소통하고 공유하며 삶을 이해하게 되고 문화를 이해하게 되었다.

'어서와 한국은 처음이지'라는 프로를 재미있게 보았다. 한국이 처음인 외국인들이 한국 문화를 체험한다. 너무도 익숙하고 자연스러운 생활문화를 낯설어하는 외국인들을 보면서 역설적으로 우리 문화의 좌표를 이해하게 된다.

통일에도 문화 번역이 필요하다.

문화 번역은 식민지를 개척하고, 새로운 시장을 열기 위해 새로운 세계에 사람들을 소개했던 문화인류학의 성찰적 반성의 차원에서 시작되었다. 문화인류학을 통해 새로운 세계의 삶이 소개되었고, 지평을 넓혔다. 하지만 그들의 삶을 얼마나 이해했는가에 대한 문제도 있었다. '낯설다'라는 표현 자체가 충분히 이해하지 못하였음을 전제로 한다.

아시아의 문화를 소개한 '쇼킹 아시아'라는 영화에 비춰진 아시안의 삶은 미개하고, 원시적이고, 비문명적으로 보이는 것들이었다. 영화라기보다는 다큐의 탈을 쓴 관음증을 채우는 영화였다. 아마 한국도 그렇게 소개되었을 것이다. 한국을 몇 개의 정보 편린片鱗으로 어림짐작하도록 하였을 것이다.

우리가 북한을 보는 시각도 다르지 않다. 광복 이후 대한민국에서 진행된 근대화와 서구화의 시각으로 북한을 본다. 북한이라고 하면 인터넷이나 방송연예 프로그램, 예전에 배웠던 몇 개의 편린으로 어림짐작한다.

보이는 것만큼 알게 된다는 말이 있다. 이 책을 통해 북한을 이해하는 폭이 넓어졌으면 좋겠다.